आधुनिकता और हिन्दी उपन्यास

आधुनिकता और हिन्दी उपन्यास

[1934-36 से 1979 तक]

इन्द्रनाथ मदान

राजकमल प्रकाशन

ISBN : 978-81-7178-864-4

मूल्य : ₹495

पहला संस्करण : 1981
चौथा संस्करण : 2019
This book is printed on **Print on Demand** Technology : 2025

प्रकाशक : राजकमल प्रकाशन प्रा.लि.
1-बी, नेताजी सुभाष मार्ग, दरियागंज
नई दिल्ली-110 002
शाखाएँ : अशोक राजपथ, साइंस कॉलेज के सामने, पटना-800 006
पहली मंजिल, दरबारी बिल्डिंग, महात्मा गांधी मार्ग, प्रयागराज-211 001
1, अनमोल सोराबजी संतुक लेन, धोबी तलाव, मरीन लाइंस, मुम्बई-400 002
वेबसाइट : www.rajkamalprakashan.com
ई-मेल : info@rajkamalprakashan.com

AADHUNIKTA AUR HINDI UPANYAS
Criticism by Dr. Indra Nath Madan

अपनी बात

आज से अनेक साल पहले भी मेरे पास उपन्यास को परखने के लिए न तो शाश्वत मानदण्ड थे और न ही निश्चित परिभाषा। उस समय यह लिखा था कि हर कृति, अगर अनुकृति (नक़ल) नहीं है, अपने-अपने कला-नियमों को लिये होती है और उपन्यास भी इसमें शामिल है। इसके आधार पर इसकी पहचान-परख करना बेहतर है। कृति, कृतिकार और परिवेश—इन तीनों में से बल या तो परिवेश पर दिया जाता रहा है या कृतिकार पर, और कृति आँखों से ओझल होती रही है। हिन्दी की आलोचना समाजशास्त्र और मानसशास्त्र की बातों से अटी पड़ी है। जब कृति की राह से गुज़रना आवश्यक समझा गया तो आलोचकों ने अपनी आदतों से मजबूर होकर इसे रूपवाद या कृतिवाद का नाम देकर इसका मज़ाक उड़ाना चाहा, लेकिन अब इस बात का टालना कठिन हो रहा है। कृति की राह से गुज़रना कृतिवाद नहीं है।

इस तरह आधुनिकता को जब एक मूल्य के रूप में आँकने के बजाय एक प्रक्रिया के रूप में आँका गया तो मूल्यवादी आलोचकों ने इसे यह कहकर काटना चाहा कि इसमें मूल्यहीनता और मूल्यमूढ़ता की गन्ध है। इसे भुला दिया गया कि प्रक्रिया में मूल्य बनते-मिटते-बनते रहते हैं और चरम मूल्य के बारे में फ़तवा देना उसी तरह खतरनाक़ है जिस तरह चरम सत्य के बारे में। आधुनिकता की प्रक्रिया के दो परस्पर-विरोधी पहलू भी हैं और इसके एक-से दौर भी देखने को मिलते हैं। इसका निरूपण **आधुनिकता और सृजनात्मक साहित्य** में कविता, कहानी, उपन्यास और नाटक के माध्यम से किया गया है। इसी तरह, हिन्दी आलोचना की पहचान-परख भी **आधुनिकता और हिन्दी आलोचना** में की जा चुकी है। **आधुनिकता और हिन्दी उपन्यास** में **गोदान** से लेकर आज तक हिन्दी-उपन्यास के चालीस साल के

बदलते चेहरे को पहचानने की कोशिश है। यह कितना साफ़ हो सका है या कितना धुंधला रह गया है—इसका जवाब यह किताब ही दे सकती है। इतनी छोटी किताब में सब उपन्यासों को लेना किसी के लिए भी सम्भव नहीं है।

इन्द्रनाथ मदान

सिलसिला

आधुनिक हिन्दी-उपन्यास

1. आधुनिक हिन्दी-उपन्यास की बात तब बन सकती है जब इसे पुराने उपन्यास से अलगाया जा सके और अलगाने का आधार भी बन सके वरना बात आधुनिक की तरह गोलमोल ही बनी रहेगी। आधुनिक उपन्यास किस कृति से माना जाए—यह एक जटिल समस्या है और जटिल इसलिए कि कविता और कहानी के वज़न पर इसे नये उपन्यास का नाम देना उचित नहीं समझा गया है। इस साहित्यिक विधा में नवलता को न तो खोजा गया है और न ही पाया गया है। इसलिए **आधुनिक उपन्यास** नाम अखर सकता है। अगर आधुनिकता के बोध को आधार बनाया जाए तो इस उपन्यास को कल के उपन्यास से अलगाना असंगत न होगा। आधुनिकता क्या है या उपन्यास में यह क्या, कैसे, किस तरह है—पहला सवाल खड़ा हो जाता है। यह शब्द इतना दूषित हो चुका है कि इस पर बात करना खतरे से खाली नहीं है। इतना साफ़ हो चुका है कि यह एक प्रक्रिया है और इस प्रक्रिया में स्वीकृत मूल्य अस्वीकृत होकर फिर बनते-मिटते-बनते रहते हैं। यह एक जीवन-बोध और विश्व-बोध है जिनके मूल में प्रश्न-चिह्न की निरन्तरता है, मध्यकालीन शाश्वत और रोमांटिक बोध का विरोध है। यदि आधुनिकता एक प्रक्रिया है तो इसके एक से अधिक दौर हैं, जिनसे यह गुज़र चुकी है या गुज़र रही है। इसके दो पहलू भी हैं, एक मानव की नियति पर बल देता है और दूसरा उसकी स्थिति पर। क्या मानव की नियति को उसकी स्थिति से अलगाया जा सकता है? क्या मानव की नियति उसकी स्थिति से जुड़ी नहीं है? इन दो पहलुओं में आज तनाव की स्थिति भी है जो आधुनिकता की चुनौती का परिणाम है। क्या **देश-काल** की तरह **नियति-स्थिति** को आंकना बेहतर नहीं जान पड़ता? एक और सवाल आधुनिकता के बारे में उठाया गया है—क्या पाश्चात्य बनाम भारतीय आधुनिकता में किसी मौलिक अन्तर को आंकना सही है? यह सही है कि पाश्चात्य आधुनिकता की कसौटी

पर भारतीय आधुनिकता की परख आरोपित होने की गवाही दे सकती है—कामू की आधुनिकता के आधार पर या कामू की आधुनिकता की दृष्टि से हिन्दी-उपन्यास में आधुनिकता की पहचान और परख करना संगत नहीं जान पड़ता। आधुनिकता बोध के साथ नगर-बोध भी जुड़ा हुआ है और भारतीय परिवेश में नगरीकरण की प्रक्रिया अभी इतने गहरे में नहीं उतरी है जितनी पाश्चात्य परिवेश में। आज के हिन्दी-उपन्यास में इसे किस तरह पहचाना जाए या किस कसौटी पर परखा जाए—इस पर गहरा चिन्तन होने लगा है।[1] यह चिन्तन कभी उपन्यास के अन्त-बोध को लेकर है तो कभी **वास्तव** की पहचान को लेकर, कभी उपन्यास की विधा को लेकर है तो कभी सम्बोधन या वाग्मिता की समस्या को लेकर, कभी काल-बोध को लेकर है तो कभी देश-बोध को लेकर, कभी साहित्य के मानवीकरण की समस्या को लेकर है तो कभी अमानवीकरण की समस्या को लेकर, कभी चरित्र-चित्रण की समस्या को लेकर तो कभी अनुभूति के नये वियन को लेकर। इस तरह का चिन्तन विदेश के उपन्यास को आधार बनाकर किया गया है जिसका इतिहास लम्बा है और जिसकी परम्परा सम्पन्न है। हिन्दी-उपन्यास का इतिहास इतना लम्बा नहीं है और न ही इसकी परम्परा इतनी सम्पन्न है; लेकिन यह आधुनिकता के बोध से नितान्त अछूता भी नहीं है। यह सही है कि हिन्दी-उपन्यास को निजी मुहावरा अभी नहीं मिल सका है; लेकिन इसकी तलाश जारी है।

2. यदि हिन्दी-उपन्यास पर सरसरी नज़र भी डाली जाये तो लगता है आधुनिकता के बोध की शुरुआत **गोदान** (1934-36) से मानी जा सकती है। इसके आसपास कथाकारों की संवेदना में अन्तर आने लगा था जिसकी गवाही **पूस की रात** (1934) और **कफ़न** (1936) कहानियों में भी मिल जाती है। प्रेमचन्द ने ही अपनी सदनवादी परम्परा को तोड़ना शुरू कर दिया था। इनकी संवेदना ने **गोदान** तक आते-आते इसके अन्त को होरी के धराशायी होने में खुला छोड़ दिया था। इसका अन्त इनके पहले उपन्यासों की तरह बन्द न होकर खुलने की गवाही देने लगता है, इसमें समस्या का समाधान नहीं दिया गया है, किसी सदन, निकेतन, आश्रम की स्थापना नहीं की गयी है। इसमें किसी नयी पद्धति को तो नहीं अपनाया गया है; लेकिन अनुभूति के नये वियन को उजागर किया गया है। पहले उपन्यास में अनुभूति बन्द होती थी, चरम परिणति पर पहुँचकर इसका समापन किया जाता था। होरी का अन्त इसका अथ बन जाता है और अनुभूति विस्तारशील होने की गवाही देने लगती है।[2] **गोदान** में अनुभूति

1. आधुनिक और सृजनात्मक साहित्य—इन्द्रनाथ मदान
2. गोदान : एक त्रासदीय व्यंग्य-रचना—इन्द्रनाथ मदान

के सुधारवादी अन्त पर प्रश्नचिह्न लग गया है, व्यंग्यात्मक स्थिति में नया मोड़ नज़र आने लगता है। इस तरह उपन्यास की संरचना आगे की गति है, अन्त उपन्यास के बाहर हो जाता है। अगर आज की आलोचना-भाषा में कहा जाये तो ज़मीर की धारा उपन्यास के बाहर बहने लगती है, संरचना की गति में है, गतिशील है और ज़मीर का मतलब नैतिक फतवे देना नहीं है, नैतिक संकेत देना है। इस तरह हिन्दी-उपन्यास **गोदान** में आकर अनुभूति की बन्द विधा से अनुभूति की खुली विधा में नया मोड़ लेता है, अन्त धीरे-धीरे खुलने लगता है। यह उपन्यास केवल होरी का गोदान नहीं है, लेखक की आस्था का भी गोदान है, सदनों, निकेतनों और आश्रमों में आस्था का गोदान है। इनका विश्वास सुधारवादी और गांधीवादी समाधानों से उठ गया है। इनकी आँखों में आँसू सूखने लगते हैं और दृष्टि साफ़ होने लगती है। इसलिए जीवन-वास्तव को व्यंग्य के धरातल पर उजागर किया गया है। इस उपन्यास के अन्तिम शब्दों में इसका संकेत मिल जाता है—धनिया यन्त्र की भाँति उठी, आज जो सुतली बेची थी, उसके बीस आने के पैसे लायी और पति के ठण्डे हाथ में रखकर सामने खड़े दातादीन से बोली—'महाराज, घर में न गाय है, न बछिया, न पैसा है, यही इनका गोदान है।'[1] धनिया का पछाड़ खाकर गिर पड़ना उस आस्था का डगमगा जाना है जो इनके पहले के उपन्यासों में उजागर होती रही है। इस तरह प्रेमचन्द अपनी परम्परा से हटकर **गोदान** में हिन्दी-उपन्यास को नया मोड़ देते हैं। यह मोड़ इसलिए नितान्त नया नहीं लगता कि होरी की कथा के साथ मेहता-मालती की कथा भी जुड़ी हुई है, देहात की कथा के साथ शहर की कथा को भी जोड़ा गया है। मेहता-मालती के आपसी सम्बन्ध में भी एक सीमा तक आधुनिकता की चुनौती का स्वीकार है; यह सम्बन्ध विवाह में परिणत होने के बजाय आलिंगन-चुम्बन तक सीमित हो जाता है। इनके आपसी सम्बन्ध में एक नये क़दम को उठाया तो गया है, लेकिन यह उठकर समाज-सेवा में गिर जाता है। मेहता और मालती के आपसी सम्बन्ध की कल्पना लेखक पहले विनय-सोफ़िया (रंगभूमि) में नहीं कर सके थे। इस तरह **गोदान** से हिन्दी-उपन्यास अपनी पुरानी परम्परा से अलग होने लगता है और इस अलग होने में आधुनिक उपन्यास का संकेत मिल जाता है। इस तरह अन्त-बोध और खुली अनुभूति के आधार पर इसमें आधुनिकता के बोध को आँकना असंगत न होगा। आज अगर **गोदान** में रोमांटिक बोध को आँका जाने लगा है तो इसका मतलब यह है कि आधुनिकता की प्रक्रिया अगले दौर से गुज़रने की गवाही देने लगी है।

3. इस तरह आधुनिक हिन्दी-उपन्यास की नींव **गोदान** के रचना-काल के

1. **गोदान—बारहवाँ संस्करण, पृ०** 364

आसपास पड़ चुकी थी। इस काल में जैनेन्द्र के उपन्यास **सुनीता** (1934) और **त्यागपत्र** (1937) की रचना हो चुकी थी। इनमें भी आज रोमांटिक बोध को आँका गया है। डॉ० बच्चन सिंह इनमें छायावादी बोध की गवाही पाते हैं। इनमें वेदना महादेवी के काव्य के अधिक निकट है। इनमें सारे बुनियादी सवालों का हवा हो जाना, पाप-पुण्य में विभाजक रेखा न खींच पाना रोमांटिक बोध का परिणाम है।[1] क्या इनमें नारी मध्यकालीन या रोमांटिक नारी से हटकर नहीं है? क्या यह नारी परम्परागत नारी से भिन्न नहीं है? आज इसमें अगर रोमांटिक बोध को खोजा और पाया जा रहा है तो यह आधुनिकता के बोध के पहले दौर के गुज़र जाने का परिणाम है। उस समय सुनीता आधुनिकता की चुनौती का परिणाम थी। यह सही है कि जैनेन्द्र ने इन मान्यताओं पर रहस्य-चिन्तन का झीना परदा डाल दिया है। इसके बावजूद इन उपन्यासों में नारी-सम्बन्धी दृष्टि सामन्ती दृष्टि या बोध के विरोध में है और परम्परागत मान्यताओं पर प्रश्नचिह्न लगाती है। छायावादी काव्य में जिस तरह आधुनिकता की चुनौती को स्वीकारा-अस्वीकारा गया है उसी तरह जैनेन्द्र का उपन्यास भी इसकी गवाही देता है। आधुनिक उपन्यास की शुरुआत अगर **गोदान** से मान ली जाये तो इससे लेकर आज तक के उन उपन्यासों की पहचान-परख करना है जिनमें आधुनिकता का बोध उजागर होता है और उन उपन्यासों की इसलिए कि सबमें इस बोध की गवाही नहीं मिलती। केवल आधुनिकता-बोध से कृति भी नहीं बनती, यह आज इसे अतिरिक्त महत्त्व ही दे सकती है। पिछले चालीस सालों की अवधि में कुछ उपन्यासों का लेखा-जोखा लेना लाज़िमी है। इनमें आधे से अधिक उपन्यास लघु उपन्यास की कोटि में आते हैं। क्या इसका मतलब यह है कि बड़ा उपन्यास लेखक की पकड़ में नहीं आ पा रहा है? क्या कहानी नेपथ्य में जा रही है और लघु उपन्यास मंच पर आ रहा है? क्या लम्बी कहानी और लघु उपन्यास कहानी और उपन्यास का स्थान ले रहे हैं? क्या कहानी लिखने के लिए संयम और साधना की कहीं कमी तो नहीं है? इस तरह के अनेक सवाल उठ खड़े होते हैं जो सोचने के लिए बाधित करते हैं। इस समय सवाल आधुनिक हिन्दी-उपन्यास का है जो विकास पाने से पहले या तो लघु उपन्यास का रूप धारण कर रहा है या लम्बी कहानी का। कभी-कभी लघु उपन्यास लम्बी कहानी के पेट से निकलने की भी गवाही देता है। क्या लम्बी कहानी और लघु उपन्यास में विधागत अन्तर है? इन सवालों को उठाना इसलिए लाज़िमी है कि ये हिन्दी-उपन्यास की पहचान-परख को रोशन कर सकते हैं। जहाँ तक पाश्चात्य या विदेशी उपन्यास का सवाल है उसे अपना मुहावरा मिलता रहा

1. कल्पना 238 : जैनेन्द्र के उपन्यास

है। इसकी विकास-यात्रा न केवल अधिक लम्बी है, यह अधिक सम्पन्न भी है। यह सामाजिक और मनोवैज्ञानिक जिज्ञासा को शान्त करता हुआ, इसे गहराता हुआ चेतना-ज़मीर-धारा में बहता हुआ, बाहर-भीतर में कभी मेल तो कभी अनमेल पैदा करता हुआ अपना रास्ता बनाता रहा है। वस्तु की विभिन्नता और शिल्प की विविधता इसे हिन्दी-उपन्यास से अलगाती है। हिन्दी-उपन्यास में न तो सामाजिक जिज्ञासा पूरी तरह शान्त हो सकी है और न ही मनोवैज्ञानिक उत्सुकता। इसलिए हिन्दी के सामाजिक और मनोवैज्ञानिक उपन्यास की परम्परा इतनी सम्पन्न नहीं है। आधुनिक हिन्दी-उपन्यास में जब चेतना-धारा की बात की जाती है तो यह विसंगत लगती है। हिन्दी-उपन्यास में ज्वायस या परूस्त के उपन्यास की चेतना-धारा को खोजना और पाना आरोपित दृष्टि का परिणाम ही कहा जा सकता है जो हिन्दी-शोध की देन है। इस तरह की तुलना से यह लगता है कि हिन्दी-उपन्यास की अपनी अस्मिता नहीं है और इसे विदेशी जामा पहनाया जा रहा है।

4. आधुनिक हिन्दी-उपन्यास में आधुनिकता के बोध को निजी परिवेश और निजी स्तर पर आत्मसात किया गया है। इसका साक्षात्कार हर ऐसे उपन्यास में अपने-अपने स्तर पर हुआ है। **गोदान** में यह एक स्तर पर है, **शेखर : एक जीवनी** में दूसरे स्तर पर, **बलचनमा** में तीसरे स्तर पर, **न आनेवाला कल** में चौथे स्तर पर, **एक चूहे की मौत** में पाँचवें स्तर पर, **सफेद मेमने** में छठे स्तर पर, **वे दिन** में सातवें स्तर पर और **मुरदाघर** में आठवें स्तर पर। उपन्यास और भी हैं जिनमें आधुनिकता का बोध अपने पहलू और दौर को लेकर उजागर होता है। इसलिए हर उपन्यास की पहचान और परख (यदि यह सम्भव है) उसके अपने आधार पर करनी होगी। इसका कारण यह है कि उपन्यास को परखने की पुरानी कसौटियाँ चुक गयी हैं और मान बदल चुके हैं। आज यह अनुभव होने लगा है कि समाजशास्त्र, मानसशास्त्र, मिथकशास्त्र कृति को रोशन तो कर सकते हैं कि यह क्यों इस तरह है; लेकिन यह क्या, कैसे और किस तरह है, इसे उजागर करने से रह जाते हैं। कृति की राह से गुज़रना रूपवाद भी नहीं है। इसका मतलब केवल इतना है कि पहले कृतिकार, कृति, परम्परा-परिवेश में बल कृतिकार और परम्परा-परिवेश को दिया जाता रहा है और कृति इनके नीचे दबकर आँखों से ओझल होती रही है। इसलिए उपन्यास की आलोचना ऐतिहासिकता, सामाजिकता आदि के दायरे में चक्कर काटती रही है। कृति की राह से मतलब कृति को मरकज़ में रखना है जिससे इसकी पहचान-परख हो सके और कृति पर अतिरिक्त आलोक डालने के लिए दूसरे औज़ारों से काम लिया जा सकता है। असल में आँकना तो यह होता है कि उपन्यास क्या उजागर करता है, किस तरह उजागर करता है, क्या कहता है, और किस तरह कहता है। इसके बजाय

बल इस बात पर दिया जाता है कि इस तरह क्यों उजागर करता है और कहता है, इस तरह क्यों नहीं उजागर करता और कहता। इस बात को भुला दिया जाता है कि उपन्यास में ही उपन्यास के संसार को पाना होता है। वह बाहर के संसार से मेल खा भी सकता है और नहीं भी खा सकता। बाहर के संसार की कसौटी पर भीतर के संसार को परखना आरोपित दृष्टि का परिणाम हो सकता है, इसे शास्त्रीय भाषा में इस तरह कहा जा सकता है—आरोपित मान्यताओं की दृष्टि से कृति-विशेष का मूल्यांकन वस्तुनिष्ठ होने के बजाय आत्मनिष्ठ हो जाता है। यदि काफ़्का-कामू की आधुनिकता के आधार पर हिन्दी-उपन्यास में आधुनिकता को एक मूल्य के रूप में आँका जाता है तो यह वादगत मूल्यांकन है। आधुनिकवाद की कसौटी पर किसी कृति को परखना भी आरोपित मूल्यों के आधार पर इसे आँकना होगा। यदि आधुनिकवाद को कृति-विशेष को परखने की चरम कसौटी मान लिया जाये तो वाल्मीकि की **रामायण**, कालिदास के **शाकुन्तल**, तुलसी के **मानस** और शेक्सपियर के नाटकों को साहित्य की कोटि से बाहर करना होगा। **आज आधुनिकता कृति को वजनदार तो बना सकती है, लेकिन उसे कृति नहीं बना सकती**। उपन्यासकार **वास्तव** का **सृजन** करता है। यह वास्तव क्या है? यह भी एक पेचीदा सवाल है जिसकी तह में जाना इस समय भटक जाना होगा। आलोचक या पेशेवर पाठक इस वास्तव का फिर से सृजन करता है। इस तरह वह इसे जानने और पहचानने की कोशिश करता है। प्रेमचन्द **गोदान** में जिस वास्तव को उजागर करते हैं वह आलोचक की संवेदना और भाषा में ढलकर एक नया रूप भी धारण करता है। हर कृति यदि वह अनुकृति नहीं है, एक से अधिक संकेत दे सकती है। इसलिए किसी उपन्यास के उद्देश्य को निश्चित रूप से बताना कठिन होता है, इस उद्देश्य की ओर केवल कदम उठाया जा सकता है। इसलिए आलोचना को **पैगम्बरी** बनाना इसकी लोच में काठिन्य लाना होगा। केवल वस्तु या केवल शिल्प के आधार पर भी किसी उपन्यास का मूल्यांकन अधूरा रह जाता है। वस्तु को इसके शिल्प से, अनुभूति को इसकी अभिव्यक्ति से अलगाना मकड़ी के जाल से उसके तारों को तोड़ने के समान है जो एक-दूसरे में बुने-गुँथे होते हैं। हर कृति या उपन्यास अपने-आपमें, देश-काल में पूरा होता है। इसलिए इस जाल की रचना-प्रक्रिया से अवगत होकर ही उपन्यास को पाना होता है। इस बात को साफ़ करने के लिए एक उदाहरण देना लाज़िमी होगा। भगवतशरण उपाध्याय **नदी के द्वीप** का मूल्यांकन वस्तु को शिल्प से अलगाकर इस तरह करते हैं। वह इसे **सुन्दर पके फल में कीड़े** बताते हैं, कीड़े से मतलब वस्तु है और सुन्दर पके फल से शिल्प। वह इसकी वस्तु को समाज-विरोधी और गलत साबित करते हैं और इसके शिल्प को सहज और

नहीं।[1] क्या इसमें विलास की चुप्पी और मिथुन का अकेलापन इसके अभिन्न अंग नहीं हैं ? वह इस बात के कायल हैं कि लेखक कैसे कहता है, क्या कहता है, किस तरह कहता है; लेकिन इस बात का घोर विरोध करते हैं कि वह इस तरह क्यों देखता है और इस तरह क्यों नहीं देखता। आलोचक की यह शिकायत कि **नदी के द्वीप** की कला सहज है, लेकिन सिद्धान्त समाज-विरोधी क्यों है, आरोपित दृष्टि का परिणाम है। यह अपनी आवाज़ को उपन्यास पर लादकर उसकी आवाज़ को दबाना है। इस तरह की पहचान-परख आम तौर पर होती रही है। आज पुराने मान बदल चुके हैं। उपन्यास बाहर से बिखरा हुआ, लेकिन भीतर से गुँथा हुआ; बाहर से टूटा हुआ, लेकिन भीतर से जुड़ा हुआ हो सकता है। **झूठा-सच** को अखबारों की कतरनें कहना आरोपित दृष्टि का परिणाम है जो कथानक का सुगठित होना लाज़िमी समझती है। यह सही है कि इस उपन्यास में अनेक दरारें हैं, कहीं-कहीं दुहराव है, अन्त आरोपित है; लेकिन बिखराव अपने-आपमें कलात्मक दोष नहीं होता। हर कृति के अपने-अपने कला-नियम होते हैं जिनके आधार पर उसे पहचानना-परखना होता है। सुगठित उपन्यास की दृष्टि से **झूठा सच** को आँकना उसी तरह असंगत है जिस तरह **गोदान** के आधार पर **नदी के द्वीप** को आँकना। उपन्यास में एक से अधिक अन्वितियाँ होती हैं जो एक-दूसरे को काटती चली जाती हैं, ताकि वास्तव को उसके अनेक पहलुओं में उजागर किया जा सके। **गोदान** में शहरी और देहाती जीवन बाहर से अलग-अलग अन्वितियों का आभास देते हैं, लेकिन भीतर से वे एक-दूसरे को छूते-काटते चले जाते हैं। इस उपन्यास के देहाती अंश को स्वतन्त्र रूप में छापने की सलाह देने का दोषी मुझे ठहराया जा सकता है। यह मेरी आरोपित दृष्टि का परिणाम था जो उपन्यास को सुगठित रूप में आँकने के हक में थी। आज तो उपन्यास को किसी निश्चित परिभाषा में बाँधना भी कठिन हो गया है। आज के जीवन की जटिलता को उजागर करने के लिए उपन्यास का प्रयोगशील होना लाज़िमी हो गया है और पाश्चात्य उपन्यास की प्रयोगशीलता के आधार पर हिन्दी-उपन्यास को आँकना असंगत है। यदि इसमें पाश्चात्य उपन्यास की आधुनिकता का बोध नहीं है तो इसमें आधुनिकता के बोध का नितान्त अभाव भी नहीं है। आज के परिवेश में बिखराव की स्थिति है। उपन्यास के स्वभाव में समूह होता है और इस समूह को पकड़ने की शक्ति हिन्दी-उपन्यास में अभी इतनी नहीं है। इसलिए शायद हिन्दी में लघु उपन्यास का विकास अधिक हो रहा है। ऐसा क्यों हो पा रहा है ? इसका जवाब शायद समाजशास्त्र बेहतर दे सकता है। यह सही है कि उपन्यास अपने पुराने चौखटों को तोड़ने की यातना में

1. **विवेक के रंग—पहला संस्करण**, पृ० 206

है, इसमें लचीलापन आ रहा है जिसे **वे दिन** में आंका जा सकता है। उपन्यास की रचना-प्रक्रिया में विविधता का समावेश होने लगा है। कभी इसमें चरित्रों का चयन मूल्यों के निरूपण के लिए किया गया है (**गोदान**), कभी इसमें सत्य की उपलब्धि को पहले पाया गया है और बाद में देश, काल और पात्रों को गूँथा गया है (**शेखर : एक जीवनी**), कभी वस्तु का चयन पहले और इसके सत्य पर विचार बाद में हुआ है (**झूठा सच**), और कभी कथा का संयोग और सत्य की उपलब्धि साथ-साथ चलते हैं। इस तरह वास्तव को उपन्यास के दौरान उजागर किया गया है। इस तरह की रचना-प्रकिया कहानी में भी आँकने को मिलती है। डॉ. देवीशंकर अवस्थी ने साठ के पहले और साठ के बाद की कहानी में इस अन्तर का निरूपण किया है।[1] आधुनिक उपन्यास में आन्तरिकता की भी अभिव्यक्ति है (**सफेद मेमने**) और बाध्यता की भी (**मुरदाघर**)। इनमें समन्वय लाने की भी कोशिश है (**बूंद और समुद्र**) और सह-अस्तित्व की भी स्थिति है (**बलचनमा, नदी के द्वीप**)। इसलिए कभी बात सामाजिकता की की जाती है (**झूठा सच**) तो कभी वैयक्तिकता की (**नदी के द्वीप**)। आज व्यष्टि-समष्टि की भाषा भी जड़ हो चुकी है, आत्म-सत्य और वस्तु-सत्य की शब्दावली भी बेमानी जान पड़ती है। आधुनिकता की चुनौती ने जीवन के पुराने छन्द को तोड़ दिया है, लेकिन नये छन्द की रचना नहीं की है। इसकी तलाश जारी है। आधुनिक अकुलाहट, छटपटाहट और कसमसाहट को बड़े पैमाने पर उपन्यास समेट नहीं पा रहा है। यदि आधुनिक हिन्दी-उपन्यास को उपलब्धि का नाम न देकर एक संभावना कहा जाए तो यह असंगत न होगा।

5. आधुनिक हिन्दी-उपन्यास में जहाँ जीवन की जटिलता और संकुलता को अभिव्यक्ति देने का प्रयास है वहाँ मोहभंग की अनुभूति को विरासत में पाकर इससे जूझने और झेलने के भी प्रयत्न हैं, कभी-कभी इससे उबरने के भी संकेत हैं। इस विरासत का विस्तार भी हुआ है और संकोच भी, इसका पोषण भी हुआ है और शोषण भी। इसके मूल में आधुनिकता की प्रक्रिया है जो स्वीकृत मान्यताओं पर प्रश्नचिह्न लगाने के लिए बाधित करती है। आधुनिकता का बोध कभी संवेदना के स्तर पर है तो कभी धारणा के स्तर पर, कभी आधुनिकता और रोमांटिकता में समन्वय है तो कभी समझौता, कभी आधुनिकता का बोध वैयक्तिक सत्य में उजागर होता है तो कभी सामाजिक सत्य में। एक समय तक पाश्चात्य मानसशास्त्र और समाजशास्त्र की मान्यताएँ हिन्दी-उपन्यास पर हावी रही हैं। हर उपन्यास में आधुनिकता का बोध अपने-अपने स्तर पर उजागर होने की गवाही देता है। यह इसलिए कि इसके दो परस्पर

1. हिन्दी-कहानी : पहचान और परख—सं. इन्द्रनाथ मदान

विरोधी पहलू हैं और एक से अधिक दौर हैं। एक प्रक्रिया के रूप में इसे आँकने पर इनकी गवाही मिलती है। अज्ञेय ने अगर इस चुनौती को व्यष्टि-सत्य के धरातल पर स्वीकारा है तो नागार्जुन ने समष्टि-सत्य के आधार पर, और बाद में व्यष्टि-समष्टि की दृष्टि भी ओझल होने लगती है, आपस में घुलने-मिलने की गवाही देने लगती है। इन दो परस्पर विरोधी दृष्टियों में पाट कम होने लगता है। यह कब और कहाँ होने लगता है, इसका लेखा-जोखा उपन्यासों से लिया जायेगा। इन सब उपन्यासों को कृतियों का नाम देना भी असंगत है। इनमें दरारें तो हैं, लेकिन कम। इनके आधार पर हिन्दी-उपन्यास की उपलब्धि और सीमा को आँका गया है। इसकी उपलब्धि क्या है और इसकी सीमा कितनी, इसका अनुमान उपन्यासों की राह से गुज़रकर ही लगाया जा सकता है। आधुनिक उपन्यास का मूल्यांकन **गोदान** (1934-36) से लेकर **मुरदाघर** (1974) तक चवालीस उपन्यासों के आधार पर किया गया है। जहाँ तक **गोदान** का सवाल है, इसकी पहचान-परख हर आलोचक ने अपने तौर पर की है। एक आलोचक इसे कविता की आँख से देखता है, दूसरा व्यष्टि-समष्टि की दृष्टि से, तीसरा आधुनिकता के स्वीकार और अस्वीकार के धरातल पर से, चौथा महाकाव्य के रूप में, पाँचवाँ गांधीवाद से मोहभंग के स्तर पर, छठा **धन की दुश्मनी** की निगाह से, सातवाँ ऋण की समस्या की दृष्टि से, आठवाँ **मरजाद** के सवाल को लेकर, नवाँ करुण रस के आधार पर और दसवाँ अपने युग की प्रणयगाथा और आनेवाले युग की प्रसव-पीड़ा के रूप में आँकता है।[1] एक ही उपन्यास जब इतने संकेत दे सकता है तब इतना तो इसके बारे में कहा जा सकता है कि इसमें कुछ है, जो अनजाना और अनपहचाना रह जाता है, या आलोचक अपनी आवाज़ इतनी उठा देता है कि उपन्यास की आवाज़ उसके नीचे दबकर रह जाती है। उपन्यासकार ने इसके बारे में राय नहीं दी। यदि वह यह कह जाते कि मैं होरी भी हूँ और मेहता भी और मेरी पत्नी धनिया भी है ओर गोविन्दी भी, तो यह शायद एक तरह से आलोचक को भुलावे में डाल सकता था। डॉ. मदान ने सबसे पहले अपनी दृष्टि को इस पर आरोपित किया और इसे कविता-कहानी की दृष्टि से पहचानने-परखने की इस तरह कोशिश की जो बाद में गलत साबित हुई। **गोदान** में नगर-कथा इसका अभिन्न अंग नहीं है, बाहर की चीज़ है और बड़ी आसानी से इसे उपन्यास से निकाला जा सकता है। डॉ. रामविलास शर्मा ने **गोदान** की मूल समस्या को ऋण की समस्या के रूप में आँककर इसे लेखक की आपबीती से जोड़ दिया।[2] यह इसके केवल एक

1. गोदान : मूल्यांकन और मूल्यांकन—सं. इन्द्रनाथ मदान
2. प्रेमचन्द और उनका युग, पृ 101

पहलू को धोता है। एक सीमा तक समाजशास्त्रीय पद्धति इस उपन्यास पर रोशनी तो डाल सकती है, लेकिन यह इसके मूल्यांकन का आधार नहीं बन सकती है। इसमें जीवन-वास्तव का चित्रण बाहर के जीवन-वास्तव से जुड़ा हुआ अवश्य है। रामविलास, मन्मथनाथ, राजेश्वर गुरु, सुषमा धवन, गंगाप्रसाद विमल, गोपाल कृष्ण कौल को इस कोटि में रखा जा सकता है जो सामाजिक चेतना, सामन्ती विधान, पूंजीवादी विधान, युग-चेतना की आलोचना-भाषा का इस्तेमाल करते हैं। इन्द्रनाथ मदान आलोचकों की इस कतार के एक बार आगे होकर इसके पीछे सरक गये हैं। इस समाजशास्त्रीय पद्धति की सीमा का बोध हो गया है। **गोदान** में बहुत कुछ शामिल है और किसी एक कथन में इसकी पहचान को बन्द करना कठिन है। इसमें **ऋण** की बात भी उतनी बड़ी है जितनी **मरजाद** की, **धन की दुश्मनी** का स्वर भी उतना ही तीखा है जितना पाशविक सम्बन्धों के विरोध का, इन्सान के हैवान होने की उतनी ही गहरी चिन्ता है जितनी शायद हैवान को इन्सान बनाने की, स्वीकृत प्रेम का भी उतना ही महत्त्व है जितना शायद अस्वीकृत प्रेम का, नगर भी उतने ही विकृत रूप में अंकित हैं जितने में देहात, पूंजीवादी संस्कृति का उतना ही विरोध है जितना सामन्ती संस्कृति का। इसलिए किसी एक पर अँगुली रखकर यह बताना कठिन है कि **गोदान** यह है। इन बातों का शायद इतना वजन नहीं है जितना इनको निभाने का। इस उपन्यास के अथ से इति तक (इसकी इति शायद है भी या नहीं) की रचना-प्रक्रिया के मूल में या जीवन-वास्तव को उजागर करने के मूल में व्यंग्य की धारा इसकी तह में निरन्तर बह रही है। यह व्यंग्य की धारा, जो इसके तल में है या इसकी तह में है, कभी कथन के व्यंग्य में तो कभी स्थिति के व्यंग्य में, कभी रेखा-चित्र के व्यंग्य में तो कभी पूरे चरित्र के व्यंग्य में बार-बार उभरकर सामने आती है। **आधुनिकता की चुनौती का सामना व्यंग्य का सहारा लेकर किया गया है।** इसमें कभी तो व्यंग्य के छींटे कसे गये हैं तो कभी व्यंग्य के बाण छोड़े गये हैं जो पाठक की संवेदना को देर तक सालते रहते हैं। इनकी अभिव्यक्ति कभी उपहास के स्तर पर है जो भोंडा है तो कभी कामदीय स्तर पर है जो मीठी चुटकी लेने की तरह है। अन्तिम व्यंग्य त्रासदीय स्तर पर है जो इस पर हावी होकर इसे एक त्रासदीय व्यंग्य-रचना में ढाल देता है। इसका अधिकांश सृजन व्यंग्य के स्तर पर है जिसकी गवाही कदम-कदम पर मिलती है।[1] और यह इतनी है जिससे **गोदान** के अन्दाज़ और मिज़ाज का पता चल जाता है। इसके मूल में आधुनिकता के बोध का वह पहलू है जो वास्तववादी खेमे से जुड़ा हुआ है, आधुनिकता के बोध का वह दौर है जो महाजनी संस्कृति के विरोध में है। उपन्यासकार ने

1. **गोदान : मूल्यांकन और मूल्यांकन—सं इन्द्रनाथ मदान**

व्यंग्य के अस्त्र को इसलिए अपनाया है ताकि वह इस चुनौती का सामना कर सके, उपन्यास के अन्त को इसलिए खुला छोड़ दिया है ताकि इस अन्त से नयी शुरुआत हो सके। इसके पहले **सुनीता** (1934) और **चित्रलेखा** (1934) छप चुके थे, लेकिन **गोदान** का रचना-काल भी 1934 से आरम्भ होता है। इसलिए आज के उपन्यास का मूल्यांकन **गोदान** से लेकर **मुरदाघर** (1974) के आधार पर किया गया है। हिन्दी-उपन्यास की विकास-यात्रा गौरीदत्त के **देवरानी-जेठानी की कहानी** (1870) से शुरू होती है या श्रद्धाराम फिल्लौरी के **भाग्यवती** (1870) से या श्रीनिवास दास के **परीक्षागुरु** (1882) से—इसकी जानकारी शोध की परिधि में आती है और यह विद्वानों के काम की है। आज के उपन्यास की पहचान-परख के लिए यह काम की नहीं है। इस काल में उपन्यास का दो दिशाओं में सामानान्तर विकास होता रहा है—**गोदान** और **सुनीता** की रचना एक ही काल में हुई है। प्रेमचन्द ने खत्री-गहमरी की परम्परा को दाय में पाया था। इस उपन्यास-परम्परा में विचित्र संयोगों, असंगत स्थितियों, नीरस विवरणों का उद्देश्य सामाजिक सुधार और गरीबी का परिहार था; लेकिन **गोदान** में आकर सुधारवादी आस्था टूटने लगती है, खो जाने का आभास भी दे जाती है, लेकिन मानव के भावी विकास में विश्वास कायम है। इसकी संवेदना में अन्तर अवश्य पड़ गया है, रचना-प्रक्रिया में सजगता का पुट गहरा अवश्य हो गया है, लेकिन आधुनिकता की चुनौती का सामना खुलकर नहीं किया गया है। यह शायद इसके पहले दौर की सीमा है जिसमें आज रोमांटिक बोध को आँका जाने लगा है। इसकी झलक मालती की समाज-सेवा में मिल जाती है। आधुनिकता की चुनौती को महाजनी सभ्यता के विरोध में स्वीकारा गया है जिसकी काली छाया शहर और गाँव के जीवन पर मँडराने लगी थी, शहर देहात में घुसने लगा था। आधुनिकता का बोध नगर-बोध से भी जुड़ा होता है, नगरीकरण की प्रक्रिया से भी सम्बद्ध होता है। इसे समेटने के लिए **गोदान** में दो समानान्तर कथाओं को बाँधने की कोशिश है। यदि खन्ना और तन्खा शहर के महाजन हैं तो दातादीन, झींगुर, दुलारी, नोखेराम, पटेश्वरी और मँगरू गाँव के महाजन हैं। होरी और उसका बेटा गोबर तक महाजनी का पेशा करने से संकोच नहीं करते। इस विडम्बनात्मक स्थिति में लेखक के व्यंग्यात्मक दृष्टिकोण का परिचय मिल जाता है। अब गाँव में पंच-परमेश्वर का स्थान महाजन-परमेश्वर ने लिया है और उसने देहाती समाज की रीढ़ को तोड़ दिया है। होरी अपने अस्तित्व को कायम रखने के लिए छल भी कर सकता है, झूठ भी बोल सकता है, अपनी लड़की को भी बेच सकता है। वह सन को गीला भी कर सकता है, रुई में बिनौले भी भर सकता है। होरी की मरजाद सामन्ती बन्धनों का नाम है जिनमें संयुक्त परिवार, पंचायत, धर्म, खेती और गाय को गिना जा सकता

है। एक अजगर की तरह खेती होरी को निगल जाती है। इसी तरह बिरादरी का शासन, दण्ड का भुगतान, गाय का अन्त, अपने ही खेत में होरी की चाकरी व्यक्तिगत घटनाएँ नहीं हैं, सामूहिक और सामाजिक घटनाएँ हैं। इस तरह सामन्ती और पूंजीवादी संस्कृति किसान को परास्त कर देती है। होरी का गोदान केवल एक किसान का गोदान नहीं है, पूरे किसानी समाज का गोदान है, लेखक की गांधीवादी आस्था का गोदान है। इस स्थिति से उबरने के लिए किसी उपाय का सुझाव नहीं दिया गया है। इस खुले अन्त में आधुनिकता का बोध गहराने लगता है। प्रेमचन्द **सेवा-सदन** से चलकर **गोदान** तक आते-आते आधुनिकता की चुनौती को स्वीकारने की गवाही देने लगते हैं। यह गवाही इनकी कहानी में भी मिल जाती है। **अनमोल रतन** से चलकर **पूस की रात** और **कफ़न** तक आते-आते इनकी आँखों में आँसू सूख जाते हैं और दृष्टि साफ़ हो जाती है। यह एकदम भी नहीं हुआ है। इसके बीज पहले की कृतियों में मिल जाते हैं, लेकिन अंकुर बाद में फूटते हैं, परिणति **गोदान** में होती है। चैतू अहीर (सेवा-सदन) का जीवन-दान, मनोहर और बलराज का संघर्ष (प्रेमाश्रम), सूरदास (रंगभूमि) का बलिदान अकारथ हो गया। आधुनिकता की चुनौती ने वस्तुस्थिति को स्वीकारने के लिए बाधित किया। इसलिए आज के हिन्दी-उपन्यास का सूत्रपात **गोदान** से मानना पड़ता है।

6. जैनेन्द्रकुमार ने आधुनिकता की चुनौती को वैयक्तिक स्तर पर स्वीकारा है और नकारा भी, घर और बाहर, व्यक्ति और समाज, पति-पत्नी-प्रेमी के आपसी सम्बन्धों को समस्या के आधार पर [illegible] है और इनके निरूपण में आधुनिकता-बोध के उस दौर का परिचय [illegible] जिसमें आज रोमांटिक बोध को आँका गया है। प्रेमचन्द के उपन्यासों में [illegible] प्रेम की समस्या को विवाह के पहले उठाया गया है,—विनय-सोफिया (रंगभूमि), मेहता मालती (गोदान) के प्रेम की परिणति विफलता और मैत्री में होती है,—जैनेन्द्र के उपन्यासों में वहाँ इस समस्या को विवाह के बाद उठाया गया है (व्यतीत अपवाद है)। इनके लगभग सभी उपन्यासों में पति-पत्नी-प्रेमी का योजनाबद्ध तिकोन इनकी रचना-प्रक्रिया की यान्त्रिकता को सूचित करता है। प्रेमचन्द का आधुनिकता-बोध मेहता-मालती की मैत्री की सीमा से आगे जाने की अनुमति नहीं देता, वह प्रेम की परिणति को विवाह में देखना चाहते हैं, नारी की नियति को पत्नी या माँ के रूप में आँकते हैं; जैनेन्द्रकुमार की मान्यता विवाह में न होकर प्रेम में है। प्रेम एक वैयक्तिक मान्यता है और विवाह एक सामाजिक धारणा, प्रेम बाहर का प्रतीक है और विवाह घर का। जैनेन्द्र नारी को मात्र नारी समझते हैं, उसका पत्नी होना शायद इतना महत्त्व नहीं रखता जितना उसका प्रेयसी या नारी होना। इस दृष्टि को आज मध्यकालीन बोध की देन माना

गया है जबकि इसमें मध्यकालीन बोध का विरोध है और रोमांटिक बोध का निरूपण। इनके तीनों उपन्यासों में उस बोध को आँका गया है जो छायावादी काव्य में है। डॉ० बच्चनसिंह का मत है कि इनकी लिरिकल संरचना और इनमें प्रेम की पीड़ा-वेदना भी छायावादी बोध की गवाही देती है। यह पीड़ा महादेवी के गीति-काव्य के अधिक निकट है, प्रेम मुखर न होकर मौन है, मुखर से मौन होने जा रहा है।[1] इन उपन्यासों में अगर छायावाद की खालिस पीड़ा नहीं है तो यह दो विधाओं के अन्तर का परिणाम है—कविता और उपन्यास की। उपन्यास में जो ज़मीर की धारा बहती है, नैतिकता की जो कशमकश होती है वह कविता में कम आ पाती है, खासकर लिरिकल कविता में। इस उपन्यास में आलोचक के अनुसार प्रेम का स्वरूप भी अशरीरी है जो छायावादी बोध को इंगित करता है। इस तरह एक-एक करके उन विशेषताओं को गिनवाया गया है जो छायावादी प्रेम की है। इसी तरह जैनेन्द्र के उपन्यास का रूप का बन्ध उसी तरह टूटा है जिस तरह छायावादी काव्य में छन्द का बन्ध टूटा है। अन्त-बोध की दृष्टि से भी समानता को आँका गया है। यदि डॉ० बच्चनसिंह आधुनिकता के बोध को एक प्रक्रिया के रूप में आँक लेते तो वह **सुनीता** के अन्त-बोध में, प्रश्नचिह्न की निरन्तरता में, समस्या का समाधान न देने में आधुनिकता के उस दौर की गवाही पा लेते जिसे आज रोमांटिक बोध का नाम दिया जा रहा है। आज के दौर के आधार पर यह उसी तरह सही है जिस तरह नयी कविता में आज रोमांटिक बोध को आँका जा रहा है। यह सही है कि जैनेद्र घर-बाहर की समस्या को उठाकर उसे समस्या के रूप में छोड़ देते हैं, उसका समाधान नहीं दे पाते या समाधान देने से कतराते हैं। इस तरह प्रश्न के महत्त्व को प्रश्न में ही आँका जा सकता है। जैनेन्द्र इस समस्या पर जब अपने चिन्तन का रंग चढ़ाते हैं तब वह आधुनिकता की चुनौती को नकारने की साक्षी देते हैं। आधुनिकता की प्रक्रिया **सुनीता** और अन्य उपन्यासों में गतिशील और स्थिति-शील होने का परिचय देती है। यह आन्तरिक विरोध आधुनिकता के उस दौर की विशेषता थी। जैनेन्द्र की संवेदना और चिन्तना में तनाव और खिचाव की स्थिति है जो इनकी रचना-प्रक्रिया को संचालित करती है। सुनीता रात के समय सुनसान जंगल में हरिप्रसन्न के सामने निरावरण होकर भी स्वयं को श्रीकान्त की पत्नी मानती है। पति के लिए तन और प्रेमी के लिए मन देने की समस्या नारी को तनाव की स्थिति में डाल देती है। लेखक नारी के सतीपन को इसके रूढ़िगत या परम्परागत रूप में अस्वीकारते हैं और उसके नारीपन को निरूपित करना चाहते हैं। इसे निरूपित करने में वह अपने चिन्तन

1. कल्पना 238 : **जैनेन्द्र के उपन्यास**

की संकुलता का परिचय दे पाते हैं। चोर और चोरी के आधार पर प्रेमचन्द और जैनेन्द्रकुमार की जीवन-दृष्टि में अन्तर को इस तरह स्पष्ट किया जा सकता है। किसी ने चोरी की है। प्रेमचन्द के अनुसार चोर बुरा नहीं है, चोरी बुरी है, चोर साधु बन सकता है और प्राय: बन भी जाता है। जैनेन्द्र के अनुसार चोर कौन है, चोरी क्या होती है, चोर-चोरी में आपसी सम्बन्ध क्या है, इस सम्बन्ध में हिंसा-अहिंसा का कितना अंश है ? और अन्त में यह सब तन्तुजाल है जिसमें मकड़ी फँसकर निकल नहीं सकती, यह उसकी नियति है। इस तरह गोरखधन्धी चिन्तन जैनेन्द्र के उपन्यासों की रचना-प्रक्रिया में उसी तरह दरारें डाल देता है जिस तरह इनकी कहानी की रचना-प्रक्रिया को **कथात्मक निबन्ध या निबन्धात्मक कहानी का रूप देता है।** इसका परिणाम यह निकला है कि **सुनीता** आदि की मूल समस्या उलझ जाती है। सुनीता की मूल समस्या क्या हिंसा-अहिंसा के जय-पराजय की है या घर और बाहर में आपसी टकराहट की या सती और नारी में आपसी विरोध की ? क्या यह नारी के बन्धन या मुक्ति की है या व्यक्ति और समाज में आपसी टकराहट की है या स्वच्छन्द प्रेम और विवाह में आपसी विरोध की ? यह लेखक के गोलमोल चिन्तन का परिणाम है। वास्तव में जैनेन्द्र आधुनिकता के सम्मुख होकर इससे विमुख हो जाते हैं, दुविधा में पड़कर उलझ जाते हैं। इसलिए वह नारी के तन-मन की बात करते हैं। इनका विभाजित व्यक्तित्व इस द्वन्द्व का परिणाम है जो युग-चेतना की देन है। सुनीता के लिए घर भी महत्त्व रखता है और बाहर भी, पति भी महत्त्व रखता है और प्रेमी भी। श्रीकान्त को लेकर सीधा-सरल प्रति-प्रेम है और हरिप्रसन्न को लेकर स्वच्छन्द-एकांगी प्रेम है। वह इन दोनों की ओर लपकती है, दोनों में चयन नहीं कर पाती और दुविधा में टूट जाती है। वह अपना समस्त लुटाकर भी हरिप्रसन्न के साथ नहीं जा पाती या फिर हरिप्रसन्न वस्तु-स्थिति से पलायन कर जाता है। सुनीता के मन में अनुताप का बोध भी नहीं है। इस तरह जैनेन्द्रकुमार आधुनिकता की चुनौती को सीमित रूप में इसलिए स्वीकारते हैं कि वह इस पर अन्त में रहस्य का परदा डाल देते हैं। हरिप्रसन्न विवाहिता नारी से पलायन कर जाता है, उसे घने जंगल में छोड़कर चला जाता है। इस तरह की दुविधा नपुंसकता का परिणाम भी होती है और युग-बोध का भी। उपन्यास में स्वच्छन्द प्रेम रोमांटिक बोध की गवाही देता है। इसे दमित वासना का विस्फोट भी कहा जा सकता है जिसे **त्यागपत्र** की करुण कथा में उजागर किया गया है। दयाल का जजी से त्यागपत्र देना और हरिद्वार में विरक्त जीवन बिताना अतृप्ति का परिणाम है। मृणाल अठारह साल तक यातनाओं और यन्त्रणाओं को सहन कर एक दिन जीवन की समस्त वेदना और संताप को लिये संसार से चल देती है। दयाल के जीवन पर इसका इतना गहरा

आघात लगता है कि वह विरक्त जीवन बिताने लगता है। जैनेन्द्र इस लीला पर सोचते ही रह जाते हैं, कुछ पार नहीं पाते, कुछ भेद नहीं पाते।[1] इस दृष्टि में आत्मपीड़न का सिद्धान्त है या परपीड़न का, गांधी-नीति है या हिटलर-नीति, आत्म-व्यथा का चित्रण है या अनभोगी भावना का चित्रण, अहिंसावाद का पोषण है या अनमेल विवाह का विरोध—यह सब-कुछ इतना वज़न नहीं रखता जितना यह महसूस करना कि कहीं कुछ गड़बड़ है। कही क्यों ? सब गड़बड़ ही गड़बड़ है। सृष्टि गलत है, समाज गलत है···इससे ज़रूर कुछ होना होगा, ज़रूर कुछ करना होगा।[2] इसमें आधुनिकता के बोध की भीनी झलक है, लेकिन इसका निषेध भी है। इसका जवाब अगर दिया गया है, तो वह गांधी-नीति में है। मृणाल का कोयलेवाले के साथ भाग जाना और समाज को तोड़ने से इन्कार करना, इससे अलग होकर उसका स्वयं टूट जाना आधुनिकता से पलायन है जिसे छायावादी बोध का परिणाम कहा गया है। उपन्यास में स्थिति का स्वीकार और उससे पलायन युग-बोध का परिणाम है जिसमें आधुनिकता की प्रक्रिया दुविधा से ग्रस्त होकर कभी गतिशील तो कभी स्थितिशील है। इसका चित्रण और निरूपण नारी-पात्र के माध्यम से किया गया है जो उपन्यास के केन्द्र में है। इनके लगभग सभी उपन्यासों में मूल समस्या प्रेम और विवाह की है, व्यक्ति और समाज में आपसी विरोध की है। इस समस्या को उठाने में जैनेन्द्र आधुनिकता के बोध का परिचय देते हैं, परन्तु इसके निरूपण में वह इसका निषेध भी करने लगते हैं। जहाँ तक उपन्यासों के रचना-विधान का सवाल है वह तिकोन की स्थापना में योजनाबद्ध है। इस तरह जैनेन्द्र उस गृहिणी के समान हैं जिसके पास पकवान तो कम हैं, लेकिन वह उन्हें परोसने में अपनी कुशलता का परिचय अवश्य दे जाती है। जगदीश पाण्डेय इनको चीरहरण का कथाकार इसलिए कहते हैं कि इनमें नारी ही अपना चीर हटा देती है और बाद में वियोग का उपदेश देने लगती है।[3] क्या सुनीता के नग्न होने में तान्त्रिक दृष्टि की झलक है ? क्या चोरी की गाँठ छिपाने से आत्मा का हनन होता है ? क्या आत्मा की हत्या हिंसा है ? इस तरह का उलझाव इनके चिन्तन की विशेषता है जो सृजनप्रक्रिया को ठेस लगाती है, उपन्यास में दरारें डाल देती है। इनकी उपन्यास-कला वस्तु और शिल्प की दृष्टि से प्रेमचन्द-परम्परा से नाता तोड़ देती है। इनके पात्रों की नियति इतनी ज्ञात नहीं जितनी प्रेमचन्द के पात्रों की। वह चाहे सुनीता हो या मृणाल, कल्याणी हो या भुवनमोहिनी। इनकी नियति

1. त्यागपत्र, पृ. 72
2. वही, पृ. 60
3. कहानीकार जैनेन्द्र, पृ. 58

सवालिया है, शकिया है, शाप से घिरी है। होरी की नियति अभिशप्त अवश्य है, लेकिन संदिग्ध नहीं है। जैनेन्द्र ने उपन्यास के कथानकगत साँचे को भी तोड़ा है और इस दृष्टि से आधुनिकता की चुनौती को स्वीकारा है। इनके उपन्यासों में अथ, विकास और अन्त नहीं होता और न ही उपन्यास का वास्तव बाहर के वास्तव से मेल खाता है। इनमें स्थितियाँ एक विशेष बिन्दु से शुरू होकर दूसरे विशेष बिन्दु पर पूरी नहीं होतीं, वे इनके योजनाबद्ध तिकोन के भीतर अपना पथ खोजती हैं। इसलिए इनके उपन्यासों में प्रेमचन्दीय कथानक-रचना और चरित्र-चित्रण का अभाव है। इसलिए इनकी उपन्यास-कला में जहाँ आधुनिकता का स्वीकार है, वहाँ अस्वीकार भी है, संवेदना के स्तर पर स्वीकार और चिन्तन के स्तर पर अस्वीकार।

7. इलाचन्द्र जोशी का उपन्यास, जिसे मनोवैज्ञानिक कोटि में रखा जाता है, आधुनिकता को वैचारिक स्तर पर उजागर करता है। इसका परिणाम यह निकला है कि इसकी वस्तु और इसके शिल्प में सामंजस्य स्थापित नहीं हो पाया है। इसकी परम्परागत शैली इसकी मनोवैज्ञानिक वस्तु को वहन नहीं कर पाती है और उपन्यास विवरणात्मक होने की गवाही देने लगता है। जोशी ने पाश्चात्य मनोविज्ञान के सिद्धान्तों को संवेदना के बजाय चिन्तन के स्तर पर स्वीकारा है और चरित्र-चित्रण की रचना इस धरातल पर की है। इनके उपन्यास में मनोविश्लेषण के हर स्कूल के सिद्धान्तों को खोजा और पाया गया है—फ्रायड, एडलर और युंग की मान्यताओं का निरीक्षण किया गया है जिससे उपन्यास के कृति-पक्ष का मूल्यांकन कम हो पाया है। मनोविज्ञान भी आधुनिकता की तरह कृति को अतिरिक्त महत्त्व तो दे सकता है, लेकिन इसे कृति नहीं बना सकता। इनके चरित्र-चित्रण में किस मनोविज्ञान का कितना अंश है, किस सिद्धान्त की कितनी मात्रा है—इस कसौटी पर इनके उपन्यास को परखना इसकी पहचान आरोपित आधार पर करना है। इसी तरह इसका नायक हीनता की भावना से संचलित है या काम-वासना से परिचालित है—यह इसके व्यक्तित्व को समझने के लिए सहायक तो हो सकता है, लेकिन इसे कृति की पहचान का आधार बनाना असंगत जान पड़ता है। उपन्यास में एक-सी अन्वितियों का संगम होता है जो इसे कहानी की विधा से अलगाता रहा है, लेकिन उपन्यास की अन्वितियों में अगर सामंजस्य का अभाव है या इनमें दरारें ही दरारें हैं तो इसे सफल कृति या केवल कृति का नाम देना कठिन हो जाता है। अधिक से अधिक इसे एक संभावना के रूप में ही आँका जा सकता है। जोशी की उपन्यास-कला मनोवैज्ञानिक उपन्यास की सम्भावना है। **घृणामयी** (1929-1930) से लेकर **जहाज का पंछी** (1957) तक इनके उपन्यासों में व्यक्ति के आन्तरिक जगत का विश्लेषण और विवेचन है। **ऋतुचक्र** (1969) में भी बाहर के

बन्धनों को तोड़ने की बात है और अन्तर के कपाटों को खोलने का सन्देश दिया गया है। उपन्यास की दृष्टि से इसमें चाहे कितना ही उतार क्यों न आ गया हो, लेकिन दूषित राजनीति पर अँगुली रखना मनोवैज्ञानिक चीड़फाड़ से राजनीतिक चीड़फाड़ की ओर आना है। उपन्यासकार की धारणा है कि पूंजीवादी संस्कृति का परिणाम व्यक्ति के अहंभाव को स्फीत करने में हुआ है। इसका दूसरा परिणाम सुधारवादी दृष्टिकोण के विकास में निकला है। इनके उपन्यास का उद्देश्य पूंजीवादी मान्यताओं का विरोध करना है। इसलिए वह व्यक्ति के अहं और सुधारवाद दोनों पर चोट करते हैं। वह शरत की नारी का इसलिए विरोध करते हैं कि वह सामन्ती दासता की पोषक है। वह रोमांटिक बोध की देन है या सामन्ती बोध की—इसमें मतभेद हो सकता है। जोशी अपनी नारी को भावी मानते हैं जो पुरुष के अहं का शिकार नहीं बनेगी। इस उद्देश्य को लेकर वह अपने उपन्यासों में नारी की रचना करते हैं जिसके मूल में आधुनिकता का बोध है। इसमें कहाँ तक इन्हें सफलता मिली है—यह दूसरा सवाल है। इस उद्देश्य का निरूपण **सन्यासी** (1941) के माध्यम से भी किया गया है। इसमें कथा-नायक नन्दकिशोर के अहंभाव का सूक्ष्म विश्लेषण मनोवैज्ञानिक सिद्धान्तों के धरातल पर किया गया है। अपने अहंभाव के पोषण के लिए वह दो नारियों के जीवन से खिलवाड़ करता है। शान्ति और जयन्ती पर पूरा अधिकार पाने के लिए वह अपने और इनके विनाश का कारण बनता है। उसका प्रेम अहंभाव से संचालित है जो उसके सन्देह और उसकी जलन के मूल में है। शान्ति पर पूरा अधिकार पाने में उसका प्रेम सन्देह में बदल जाता है। जब जयन्ती उसके अहंभाव का शिकार बनती है, वह भी उसके घातक अहंभाव से बौखलाकर आत्मघात करने के लिए विवश हो जाती है। इस भयंकर और भयावह घटना से नन्दकिशोर इतना बौखला और बिखर जाता है कि अन्त में वह संन्यास धारण करता है। यह वस्तुस्थिति से पलायन है जिसमें आधुनिकता का नकार झलकने लगता है। वह नेतागीरी के चक्कर में जेल भी जाता है। यह भी खाली जीवन को भरने की बेकार कोशिश है। शान्ति अपने स्नेह-सम्बन्धों को तोड़कर सदा के लिए कहीं दूसरा सहारा खोज लेती है और इसमें आधुनिकता के बोध की गवाही मिल जाती है। इस तरह जोशी इन पात्रों के माध्यम से यह निरूपित करना चाहते हैं कि आज के कुण्ठित, विकृत और अस्वस्थ जीवन का मूल कारण अहंभाव है जो नन्दकिशोर और जयन्ती के सन्तुलन को नष्ट कर देता है। इसके विपरीत शान्ति और बलदेव इस सन्तुलन को खोकर फिर पा लेते हैं। इस तरह **संन्यासी** और अपने अन्य उपन्यासों में जोशी व्यक्ति के दुख को उसके बाहर आँकने के बजाय उसके भीतर खोजना बेहतर समझते हैं। इस दुख का निदान भी आज के मनोविज्ञान में खोजा गया है।

इसलिए जोशी की उपन्यास-कला के उद्देश्य को यदि चिकित्सात्मक का नाम दिया जाये तो शायद अनुचित न होगा। उपन्यास में मनोविज्ञान का उपयोग दवा की दृष्टि से किया गया है और यह उपन्यास की रचना-प्रक्रिया में बाधा भी डालता है। प्रेमचन्द का सामाजिक उद्देश्य जिस तरह इनकी सृजन-प्रक्रिया में दरारें डालता है, रचना की संश्लिष्टता को आघात पहुँचाता है, उसी तरह जोशी का मनोवैज्ञानिक उद्देश्य उपन्यास में अनावश्यक व्याख्याओं के समावेश से इसकी संश्लिष्टता को बहुत बार भंग करता है। अपने उद्देश्य को पूरा करने के लिए वह घटनाओं को अस्वाभाविक मोड़ भी देते हैं, रोमांचक और सनसनीखेज भी बना डालते हैं। जयन्ती का आत्मघात, नन्दकिशोर का जेल जाना और संन्यास धारण करना, शान्ति की खोज आदि कुछ उदाहरण हैं जो उपन्यास की रचना के अभिन्न अंग न होकर आरोपित जान पड़ते हैं। इस तरह के आरोषित या नकली अवयव इनके अन्य उपन्यासों में भी उपलब्ध हैं। इसका एक कारण यह हो सकता है कि आधुनिकता और मनोवैज्ञानिक की चुनौती को जोशी ने धारणा के स्तर पर स्वीकारा है, संवेदना के धरातल पर आत्मसात नहीं किया है। सायास रूप भी सहज हो सकता है। यदि मनोविज्ञान इनकी सृज़न-प्रक्रिया का अभिन्न अंग होता, सोचने का ढंग न होता तो इसका स्वीकार संवेदना के रूप में होता और उपन्यासों में इसकी शैली विवरणात्मक और कथात्मक न होकर सृजनात्मक होती। कथात्मक शैली और मनोवैज्ञानिक उद्देश्य में पटरी नहीं बैठ सकी है। इससे वस्तु और शिल्प में संगति नहीं बैठती। इस दृष्टि से जोशी का उपन्यास मनोवैज्ञानिक की दृष्टि से अधूरा रह जाता है। इस उपन्यास और अन्य उपन्यासों में आधुनिकता की चुनौती को व्यक्ति-सत्य के धरातल पर स्वीकारा गया है जो आधुनिकता के उस दौर का परिचय देता है जब व्यष्टि-समष्टि में आपसी विरोध था। पूंजीवादी संस्कृति के फलस्वरूप व्यष्टि और समष्टि में जिस सन्तुलन का लोप हो गया है और जिसने मनुष्य को व्यक्ति के स्तर पर अधिक अकेला बना दिया था उसे पहचानने की कोशिश जोशी के उपन्यास में उजागर होती है। वह इस रोग के निरूपण-मात्र से सन्तोष न पाकर इसका निदान देना भी आवश्यक समझते हैं। इस निदान के संकेत शान्ति, बलदेव के माध्यम से दिये गये हैं। इस तरह आधुनिकता की प्रक्रिया **गोदान** के मोह-भंग से शुरू होकर **संन्यासी** में व्यक्ति के स्वरूप को मनोवैज्ञानिक दृष्टि से उजागर करती है। मनुष्य में किस तरह पशुता उसके जीवन को संचालित करती है—इसे आलोकित किया गया है। आधुनिकता के मूल में वैज्ञानिक दृष्टि सामन्ती और रोमांटिक मान्यताओं पर प्रश्नचिह्न लगा देती है और इन्सान में छिपे हैवान को रोशन करती है। **संन्यासी** में आधुनिकता की प्रक्रिया मनोवैज्ञानिक स्तर पर क्रियाशील है। यह उसी तरह,

जिस तरह **चित्रलेखा** (1934) में यह नैतिक धरातल पर व्यक्त है, पाप-पुण्य के पुराने बोध को चुनौती देती है। इस तरह 1934-36 के आसपास आधुनिकता के पहले दौर की गवाही मिलने लगती है। इस तरह प्रश्नचिह्न की निरन्तरता में आधुनिकता की प्रक्रिया को आँका जा सकता है। जोशी के उपन्यास की पहचान-परख के लिए इस बात को दोहराना आवश्यक है कि जहाँ इसमें आधुनिकता को संवेदना के स्तर पर स्वीकारा गया है वहाँ इनके उपन्यास का कृति-पक्ष उभरता है और जहाँ इसे धारणा के स्तर पर स्वीकार किया गया है वहाँ यह गिरने लगता है। यह जोशी के उपन्यास की उपलब्धि और सीमा है। जहाँ यह मनोविज्ञान पर हावी है वहाँ इसकी सीमा का बोध होता है और जहाँ यह रचना-प्रक्रिया में व्याप्त है वहाँ इसकी उपलब्धि को आँका जा सकता है।

8. आधुनिकता की जिस प्रक्रिया का सूत्रपात **गोदान** में हुआ था वह अज्ञेय के **शेखर : एक जीवनी** (1941-44) के दो भागों में एक नया रूप धारण करती है या एक और दौर से गुज़रने लगती है और हिन्दी-उपन्यास इस दृष्टि से एक नया मोड़ लेता है। इस अन्तराल में यह प्रक्रिया **सुनीता, त्यागपत्र, चित्रलेखा, संन्यासी** में विकसित, अर्द्ध-विकसित, सम्पन्न और विपन्न भी होती रही है। इस दोहरी स्थिति का कारण शायद यह है कि यह प्रक्रिया कभी गतिशील तो कभी स्थितिशील होने की गवाही देती रही है, कभी सामन्ती मान्यताओं का विरोध करती रही है तो कभी इनसे समझौता करती रही है, कभी रोमांटिक बोध की हामी भरती रही है तो कभी इससे हटने की कोशिश करती रही है जो बहुत कम है। अज्ञेय के **शेखर** में आधुनिकता की चुनौती को गहरे रूप में स्वीकारा गया है। इसे उजागार करने के लिए शिल्पगत प्रयोग भी करने पड़े हैं। इसलिए **शेखर** के निजी स्वर हैं जो सम और विषम होने की गवाही देते हैं और जिनका घोर विरोध भी हुआ है। यह शायद इसलिए कि इसकी आधुनिकता पाठक की संवेदना को गहरी ठेस लगाती थी। इसके कथानायक पर अनेक आरोप लगाये गये थे और अब भी लगाये जा रहे हैं।[1] शेखर घोर अहंवादी और अराजकतावादी है, इसमें सामाजिक और नैतिक बोध का अभाव है, यह आत्मरत और आत्मकेन्द्रित है, यह नास्तिक और नियतिवादी है, इसका विद्रोह नपुंसक और निष्क्रिय है, इसकी विचारधारा लक्ष्यहीन-दिशाहीन है, इसका अहंकार नारी पर अधिकार पाने में लीन है, सगी बहन सरस्वती और मौसेरी बहन शशि भी इसके लिए सरस बन जाती हैं। आज यह कहा जा रहा है कि शेखर एक आत्मकथन है, इसमें मानसिकता रूमानी है, यह एक अधूरा उपन्यास इसलिए है कि यह एक चरित-उपन्यास है, इसके पास अपनी

1. आलोचना-24 : शेखर एक जीवनी—डॉ. माहेश्वर

गतिहीनता और असहायता का बचाव नहीं है, वह अपनी [illegible] के लिए मनमाने चिन्तन का सहारा लेता है (क्या यह जैनेन्द्र के पु[illegible] दूसरा रूप है ?), शेखर पाखण्डी है, दम्भी है, छिछली भावना से पीड़ित [illegible] इसमें सामन्ती और पवित्रतावादी बोध है, शेखर मक्कार है, उसकी सैक्स-दृष्टि दकियानूसी है जो नौकरानी तक को नहीं छोड़ती।[1] इस तरह शेखर का व्यक्तित्व आरोपों और लांछनों से घिरा हुआ है। इस तरह की कड़ी आलोचना से इतना तो सिद्ध हो जाता है कि शेखर जो कुछ है, अन्य कथा-नायकों से भिन्न है। इसका व्यक्तित्व असाधारण है जो आलोचकों को न केवल चौंकाता रहा है, लिखने के लिए मजबूर करता रहा है। शेखर के जीवन की मूल संवेदना क्या है ? इस सम्बन्ध में भारी मतभेद पाया जाता है। इतना साफ़ है कि शेखर का चरित्र लकीरी न होकर जटिल है, एक से अधिक आयामों को लिये हुए है। इस गहरे मतभेद का एक कारण यह है कि हर आलोचक ने इसे निजी दृष्टि से आँका है और आरोपित मूल्यों की कसौटी पर परखा है—शेखर इस तरह क्यों है और इस तरह क्यों नहीं है। आज का आलोचक भी इस दृष्टि का शिकार है। उपन्यासकार का भी शेखर के बारे में अपना मत है। इनका सूत्ररूप में कथन है कि शेखर का जीवन-बोध **स्वातन्त्र्य की खोज** है।[2] यह स्वातन्त्र्य की खोज क्या है ? इस प्रश्न का उत्तर अज्ञेय के शेखर में ही खोजा जा सकता है न कि अज्ञेय में जिसकी डॉ. माहेश्वर ने कोशिश की है। यदि भारतीय नीति-शास्त्र की दृष्टि से इसके चरित्र में स्खलन हुआ है तो इसे अनैतिक कहना कहाँ तक संगत है। उपन्यास में रूढ़िगत नैतिकता का विरोध है और इसलिए आधुनिकता की चुनौती का स्वीकार है। अज्ञेय अपने मत को इन शब्दों में स्पष्ट करते हैं—शेखर के स्वातन्त्र्य की खोज, टूटती हुई नैतिक रूढ़ियों के बीच नीति के मूल स्रोत की खोज है।[3] इसे अगर मिथकीय भाषा में कहा जाये तो **इनसेस्ट** है जिसे मूल स्रोत कहा गया है—शेखर की सरस्वती और शशि से रति। व्यक्तित्व की खोज को स्वातन्त्र्य की खोज बताया गया है, मूल स्रोत की खोज के मूल में डी. एच. लारेंस की विचारधारा जान पड़ती है। वह मानव की सहज वृत्तियों के आधार पर नैतिक मान्यताओं का निरूपण करते हैं। **यह बौद्धिकता के प्रति अबौद्धिकता का विद्रोह है** जिसके मूल में पाश्चात्य मनोविश्लेषण के सिद्धान्त हैं। इस विद्रोह का विस्फोट पाश्चात्य देशों में हुआ था और इस विस्फोट का परिणाम मनोवैज्ञानिक उपन्यास के विकास में लक्षित

1. शेखर : एक जीवनी—डॉ. माहेश्वर, आलोचना-24
2. आत्मनेपद, पृ० 67
3. वही, पृ० 67

होता है। अचेतन, उपचेतन और चेतन मन से सम्बद्ध विचारधारा ने मानव के नये स्वरूप को रोशन किया था। शेखर की रचना भी इसी चिन्तन की देन है। उसके जीवन को संचालित करनेवाली शक्ति को **सहज-बुद्धि में** आँका जा सकता है—वह बुद्धि उसकी थी, उसके उपयोग के लिए थी, वह उसका **मनचाहा** उपयोग करता था और वह जानता था, जहाँ उसने अपनी सहज बुद्धि की प्रेरणा मानी, वहाँ उसने उचित किया और जहाँ उसकी बुद्धि को दूसरों ने प्रेरित किया, वहीं वह लड़खड़ाया।[1] यदि इस कथन को शेखर के व्यक्तित्व का एक सूत्र मान लिया जाये तो उसके व्यक्तित्व का अधिकांश स्पष्ट हो जाता है। इसमें बौद्धिकता के प्रति अबौद्धिकता का विद्रोह है जिसका घोर विरोध आलोचकों का एक दल करता आया है। इसमें आधुनिकता का एक पहलू है जो इसके दूसरे पहलू से टकराता आया है और आज भी टकरा रहा है। आधुनिकता के दो शिविरों में आपसी विरोध है। आधुनिकता के इस पहलू में भी वैज्ञानिक दृष्टि है जिसे दूसरा दल अवैज्ञानिक ठहराता है। और दूसरे दल से आशय द्वन्द्वात्मक भौतिकवादी दृष्टि से है। शेखर की **सहज बुद्धि और सहज विकास** में भय और काम बाधक हैं जो उसके अहं को आघात पहुँचाते हैं। अपने अहं में वह अकेला है, मूल रचना है, किसी की अनुकृति नहीं है।[2] इसे अनेक उदाहरणों से स्पष्ट किया जा सकता है जैसे अजायबघर से नकली बाघ से भय खाकर भागना इत्यादि। वह भय और काम की शक्तियों पर विजय पाने के लिए स्वभाव और सहज भाव से विद्रोही है। इसलिए वह जन्मजात विद्रोही है। उसके विद्रोह में अगर किसी को कायरता और नपुंसकता की गन्ध आती है तो यह उसकी नाक का परिणाम है जो विद्रोह की चिन्तन के स्तर पर नहीं आँकना चाहती। शेखर का अहं इतना फूला हुआ है कि वह किसी की पूजा नहीं कर सकता, अपनी पूजा करवाना जानता है। उसका सैक्स नियमानुसार तीन सोपानों से गुज़रकर विकास पाता है—आत्मरति, समलिंगी रति और विपरीतलिंगी रति। आत्मरति अपनी पूजा करवाने में जिससे अन्त तक वह छुटकारा नहीं पा सकता, समलिंगी रति अपने सहपाठी कुमार से और विपरीतलिंगी रति के अनेक उदाहरण उन नारियों में मिल जाते हैं जो शेखर के निकट आती हैं और संयोगवश जिनके नाम **स, श** से शुरू होते हैं। जहाँ तक शेखर के चिन्तन का सवाल है, पहली बात जो बार-बार उभरती है वह **दुखवाद** की है। उसकी दूसरी मान्यता **नियतिवाद** है। उसकी तीसरी धारणा है कि सौन्दर्य मुक्त करता है। शेखर सैक्स, भय और अहंकार को जीवन की शक्तियों के रूप में आँकता

1. शेखर : एक जीवनी, पृ 63
2. शेखर : एक जीवनी, पृ. 59

है। मृत्यु और काल के विषय में शेखर का विचार है कि देह से परे एक चेतना होती है जिसे वह **मशाल की लौ** का नाम देता है और यह शायद रोम्याँ रोलाँ के **जान क्रिस्टोफर** उपन्यास से लिया गया है—**दि बर्निंग बुश**। यह कहा जाता है कि अज्ञेय ने शेखर की योजना **जान क्रिस्टोफर** के आधार पर बनायी थी जिसके चार खण्ड हैं। मशाल की लौ से आशय है कि व्यक्ति का तो नाश हो जाता है; लेकिन व्यक्तित्व की यह लौ नहीं बुझती। शेखर की इन मान्यताओं और धारणाओं को अज्ञेय के चिन्तन से जोड़कर यह परिणाम निकाला गया है कि लेखक अपनी कृति से **तटस्थ** नहीं हो पाते। इसे अज्ञेय ने स्वीकार भी किया है कि वह अपने और शेखर के बीच एक सीमा के आगे दूरी बनाये नहीं रख सके। इसमें सन्देह नहीं है कि शेखर के प्रश्नों की निरन्तरता में आधुनिकता का बोध उजागर होता है और इसमें आज अवैज्ञानिकता और रोमांटिकता को आँका जाने लगा है। इसका एक कारण तो आधुनिकता के उस दौर का गुज़र जाना है और दूसरा कारण आधुनिकता के पहलू का है जिसके आधार पर शेखर और अज्ञेय दोनों में एक ही नियति को खोजा गया है।[1] यह पहलू द्वन्द्वात्मक भौतिकवाद का है। जहाँ तक शेखर के अहंकार का सवाल है वह धीरे-धीरे मँजने तो लगता है, लेकिन पूरी तरह मँज नहीं पाता। इसे माँजने में बाबा, मोहसिन और रामजी का हाथ है। वह बाबा के पाँव छूने में तो अपना अपमान समझता है; लेकिन उसके चल बसने के समाचार को पाकर रोता भी है। सरस्वती, शारदा, शान्ति, शशि के सम्बन्धों में शेखर के अहंकार की गन्ध अधिक है, काम-वासना की कम। शारदा की आँखें मूँदकर, उसके रूखे केशों को सूँघकर वह उसे छोड़ देता है। वह तपेदिक की मरीज शान्ति के कण्ठ को अँगुलियों से छूकर चला जाता है। शेखर का संतोष नारी को छूने से ही हो जाता है। उसे पंत की तरह नारी को छूने से गंगा-स्नान या पावन अनुभूति तो नहीं मिलती, लेकिन तपन को शान्त करने के लिए शीतल जल के पान की अवश्य मिल जाती है। शशि से भी चुम्बन के आगे शेखर नहीं बढ़ता। उसे अभी **नदी के द्वीप** के भुवन का साहस बटोरना है। शेखर का मन सन्देह-संशय से घिरा रहता है। उसकी झिझक आत्म-विश्लेषण परिणाम है। वह अन्त में शशि को **मुक्त और मोक्षदा** के रूप में आँकता है, चिरन्तन प्रेरणा के रूप में स्मरण करता है। उपन्यास का अन्त काव्य में होता है। 'इसके आगे कहानी नहीं है, अनुक्रम नहीं है। जीवन ने अर्थ खो दिया है। यथार्थता, व्यवस्था, गति सब-कुछ खो दिया है। निरा अस्तित्व—एक क्षण से दूसरे क्षण तक एक अणु-पुंज का बने रहना—वह भी मिट गया है।'[2] इस

1. **आलोचना**-,24 पृ 93
2. **शेखर : एक जीवनी**—भाग 2, पृ, 249

तरह उपन्यास के अन्त को खुला छोड़ दिया है, शेखर के व्यक्तित्व के बिखर जाने में। इस खुले अन्त-बोध और बिखराव में आधुनिकता का बोध उजागर होने लगता है। अज्ञेय का कवि अज्ञेय के उपन्यासकार पर छाया रहता है। शेखर अपने-आपसे कहता है—'छू उसे सकता है, तुझमें यदि साहस है।'[1] उसका जवाब शेखर के व्यक्तित्व में मिल जाता है। शशि ने उसे साहित्य-सृजन के लिए कहा था और उसने यह उपन्यास लिख दिया है। शेखर ने या अज्ञेय ने ? इसका जवाब पाठक पर छोड़ देना बेहतर होगा।

अब सवाल यह पैदा होता है—क्या यह कृति बन पाया है ? मात्र आधुनिकता के बोध से तो कृति नहीं बनती। इसमें सन्देह नहीं है कि इसमें हिन्दी-उपन्यास ने **गोदान** के बाद एक नया मोड़ लिया है। इसमें आधुनिकता की चुनौती को वस्तु-शिल्प के धरातल पर अधिक गहरे में स्वीकारा गया है। जहाँ तक इसकी वस्तु का सवाल है इसमें आस्था-अनास्था, नैतिकता-अनैतिकता, हिंसा-अहिंसा के सवालों पर खुलकर सोचा गया है। इससे सहमत-असहमत होने का सवाल दूसरा है। बाबा, रामजी, मोहसिन और शशि के माध्यम से सामन्ती बोध का विरोध किया गया है। इसकी वस्तु को उजागर करने के लिए शिल्प की खोज भी लाज़मी थी जो प्रयोगात्मक है और जिसके मूल में आधुनिकता की स्वीकृति है। आधुनिकता की प्रक्रिया मूलतः प्रयोगशील होती है। वह किसी सत्य या मूल्य को उसके चरम या शाश्वत रूप में स्वीकारने से परहेज़ करती है।

इस उपन्यास को दो भागों और आठ खण्डों में विभाजित किया गया है। इसमें **शशि** और **शेखर** के अतिरिक्त सब खण्डों के नाम प्रतीकात्मक हैं—उषा और ईश्वर, बीज और अंकुर, पुरुष और परिस्थिति, बन्धन और जिज्ञासा। अज्ञेय के कवि और उपन्यासकार ने मिलकर बाहर से बिखरे हुए कथानक को भीतर से जोड़ने की कोशिश की है। इसमें अन्य शिल्प-रूपों का प्रयोग भी उपलब्ध है, जैसे डायरी-शैली, पत्र-शैली, स्वप्न-शैली, स्मरण-शैली आदि। इनका उद्देश्य आत्म-विश्लेषण और पर-विश्लेषण है। इस उपन्यास में इतिहास-शैली के प्रयोग को भी आँका गया है। शेखर अपनी बात कभी अपने मुँह से कहता है तो कभी दूसरे के मुँह से। इस तरह आत्म-परकता और वस्तु-परकता में सामंजस्य स्थापित करने का प्रयास उपन्यास के शिल्प-विधान को विशिष्ट रूप देता है और इसके प्रयोगात्मक पहलू को उजागर करता है। इस उपन्यास में प्रकृति-चित्रण और यात्रा-विवरण स्वतन्त्र रूप में उपलब्ध हैं जो इसकी आन्तरिक संगति को भंग करते हैं। अज्ञेय का कवि और यायावर जब इनके

1. शेखर : एक जीवनी—भाग 2, पृ. 248

उपन्यासकार पर हावी हो जाता है तो कलात्मक रचाव में विकार पैदा हो जाते हैं। उपन्यास काव्यात्मक हो सकता है, लेकिन हर विधा की अपनी-अपनी लय होती है और जब एक की लय दूसरे पर आरोपित की जाती है या हो जाती है तब कृति के विकृत होने की सम्भावना बढ़ जाती है और सृजनात्मक प्रक्रिया बाधित होने का आभास देने लगती है। उपन्यास में काव्यात्मक शैली का निषेध नहीं है और लिरिकल उपन्यास के उदाहरण भी मिलते हैं; लेकिन यह शैली अगर कृति का अभिन्न अंग नहीं है या यह स्वतन्त्र रूप धारण कर लेती है तो यह विषम होने का ख़तरा मोल ले लेती है। अज्ञेय के गद्य का काव्यात्मक होना एक गुण है। यह मन की सूक्ष्म परतों को उघाड़ने के काम आता है, उपन्यास की वस्तु को उजागर करने की शक्ति से सम्पन्न है। अज्ञेय की सायास और अभिजात भाषा-शैली इसे गरिमा भी देती है। इस तरह **शेखर हिन्दी-उपन्यास की विकास-यात्रा में एक नये मोड़ को सूचित करता है, आधुनिकता की चुनौती को वस्तु-शिल्प के धरातल पर स्वीकार करता है। इसमें चिन्तन का पुट कभी-कभी आरोपित होने की गवाही दे जाता है। यदि इसकी उपलब्धि को अधिक और सीमा को कम कहा जाये तो इसकी पहचान-परख संतुलित और संगत होगी।**

9. यदि अज्ञेय ने **गोदान** की परम्परा से हटकर **शेखर** की रचना की है तो उपेन्द्रनाथ अश्क ने **गिरती दीवारें** (1947) में इस पम्परा से मोहभंग को अभिव्यक्ति दी है। इसका कारण यह है कि अश्क ने प्रेमचन्द की तरह अनुभव कर लिया था कि होरी की स्थिति में सुधार नहीं लाया जा सकता। प्रेमाश्रम की स्थापना से किसान की दशा बिगड़ी अधिक और बनी कम है। इस मोह-भंग की अनुभूति को अश्क ने विरासत में पाया और उस व्यक्ति के विकास में जो किसान नहीं था, बीच के निचले तबके का इन्सान था, सामाजिक विधान को दोषी ठहराया और उसकी कड़ी आलोचना करने लगे। इसके मूल में लेखक की जीवन-दृष्टि व्यष्टि-सत्य और व्यष्टि-हित से रूपायित है। इस स्तर पर आधुनिकता की चुनौती को स्वीकारा गया है जो वास्तववादी परम्परा से सम्बद्ध है। इनके पहले उपन्यास **सितारों के खेल** (1940) से लेकर **एक नन्ही कन्दील** (1966) तक इसकी गवाही मिलती है। इनके लगभग सभी उपन्यासों के नायक एक ही धातु के बने हुए हैं और लगभग इसलिए कि **पत्थर-अल-पत्थर** के घोड़वान हसनदीन की धातु थोड़ी भिन्न है। इन सबकी धातु लोहा या इस्पात नहीं है, सोना और चाँदी भी नहीं है, मिली-जुली-सी लगती है। अनुभूति की आँच में पड़कर ज़मीर की धारा आधुनिकता के बोध को लिये हुए है जो आसपास पर या सामाजिक विधान पर गहरी चोटें करती है, व्यंग्य की पैनी धार से काटती है, मीठी-मीठी चुटकियाँ लेती है। वह नायक के

माध्यम से इस दृष्टि को अपनाती है। बंसीलाल (**सितारों के खेल**) की नियति को सितारों के खेल में आँका गया है और चेतन (**गिरती दीवारें**) के जीवन की गतिविधि को समाज की गिरती दीवारों में, जिनका गिरना अभी शेष है। इस तरह लेखक की जीवन-दृष्टि सितारों से उतरकर धरती पर आधुनिकता की चुनौती को स्वीकारने के लिए बाधित है, सामाजिक विधान में उन कारणों को खोजने के लिए विवश है जो व्यक्ति-विकास में बाधक बनकर आते हैं। यह आधुनिकता के उस दौर की बात है जब यह प्रक्रिया व्यष्टि-समष्टि के खानों में विभाजित थी। इसलिए **गिरती दीवारें** को प्रेमचन्द-परम्परा से जोड़ने की जो भूल आलोचकों और स्वयं लेखक ने की है, उसका कारण शायद यह है कि इस उपन्यास में सामाजिक रूढ़ियों और कुरीतियों की कड़ी आलोचना की गयी है। यह बात आँखों से ओझल हो गयी है कि इस आलोचना का उद्देश्य क्या है, इसके मूल में जीवन-दृष्टि का स्वरूप क्या है। इसकी रचना-प्रक्रिया के विश्लेषण से स्पष्ट हो जाता है कि उपन्यास में सामाजिक विषमताओं और विकृतियों की चीड़फाड़ व्यक्ति-सत्य के धरातल पर की गयी है। इस धारणा की पुष्टि लेखक के अपने कथन से भी हो जाती है जब वह यह दावा पेश करते हैं कि पाठक इसे पढ़कर यह महसूस करे कि समाज को बदलना है ताकि वह अपने को कुण्ठाओं से बचा सके। **एक नन्ही कन्दील** में वह इसी दावे को दूसरे शब्दों में दोहराते हैं जब चेतन, जो इसका चरित-नायक है, पेट और सैक्स की भूख से इतना पीड़ित नहीं है जितना अहं से। वह निचले तबके के जीवन को इन तीन सूत्रों से संचालित पाते हैं। **गिरती दीवारें** में सैक्स एक मूल शक्ति है जो कुण्ठित होकर व्यक्ति के जीवन को विकृत कर देती है और व्यक्ति का विकास बाधित हो जाता है। इस तरह **शिश्नोदर** के धरातल पर अश्क ने आधुनिकता की चुनौती को स्वीकारा है जो उस युग की माँग थी और पुकार भी। इनके इस मत से सहमत होना कठिन है कि इन्हें अपनी ओर से कुछ नहीं कहना पड़ा। यदि चेतन के व्यक्तित्व को इनके उपन्यास की धुरी मान लिया जाये जिसके सहारे यह रथ चलता है तो बंसीलाल के समय अश्क अपनी किशोरावस्था में थे, चेतन के समय ये अपनी यौवनावस्था में, जगमोहन[1] के समय अपनी अधेड़ावस्था में, फिर चेतन[2] के समय अपनी वृद्धावस्था में जो **एक नन्ही कन्दील** तक चलता है जिसमें चेतन ही इसका चरित-नायक है।[3] उनके अन्तिम उपन्यास में एक बूढ़ा चरित-नायक अपनी

1. 'गर्म राख' का नायक
2. शहर में घूमता आइना
3. एक नन्ही कन्दील

स्मृतियों के बल पर जीता है या साँस लेता है। उसके पास न तो आज का सहारा होता है और न आनेवाले कल का। इसलिए बीते कल पर जीने के सिवाय और चारा ही क्या है। इस तरह अश्क का उपन्यास जब एक ही नायक को आधार बनाता है तो यह अनुमान लगाना कठिन नहीं है कि यह चरित-नायक है जो निजी अनुभूतियों को उजागर कर रहा है।

यदि चेतन के बदलते व्यक्तित्व को अश्क के उपन्यास का मरकज़ मान लिया जाये तो इसके माध्यम से इसकी पहचान-परख हो सकती है। चेतन का समाज सामन्ती और पूंजीवादी संस्कृतियों में डोल रहा है, पुराने और नये की दुविधा में जकड़ा हुआ है। उसका व्यक्तित्व इस परिवेश में कुण्ठित हो रहा है। वह जीना चाहता है और जीने के लिए उसे हर तरह का समझौता करना पड़ता है। वह समाज की गिरती दीवारों में दुबककर पड़ा रहनेवाला दयनीय जीव है। इसलिए वह सोच तो सकता है, लेकिन कर नहीं सकता; खुद टूट सकता है, लेकिन तोड़ नहीं सकता। वह अपनी विवशता में सिसकता है और सामाजिक विधान को तोड़ने की बातें ही कर सकता है। आलोचकों को चेतन से यह शिकायत है कि वह इतना महत्त्वाकांक्षी होकर इतना असहाय क्यों है, उसका हृदय काव्यमय क्यों है, जबकि उसका जीवन गद्यमय है। इसका आशय यह हुआ कि वह चेतन क्यों है और कुछ क्यों नहीं है। यह उपन्यास की पहचान-परख न होकर आलोचक के मन के उपन्यास की पहचान-परख है। अश्क भी इन आलोचकों के घेराव में आकर अपनी भूल स्वीकार कर कहने लगते हैं कि वह चेतन के दृढ़ पहलू को उजागर नहीं कर सके और वह इस उपन्यास के आनेवाले भागों में इस कमज़ोरी को दूर करने की योजना बनाये बैठे हैं। अश्क के इस स्वीकार और चेतन के व्यक्तित्व में कितनी समानता है—इसे लेखक की जीवन-दृष्टि और युग-बोध में आँका जा सकता है। इस उपन्यास में दो मूल समस्याओं को उठाने की कोशिश की गयी है—आर्थिक विषमता और सैक्स-सम्बन्धी कुण्ठा जिनसे चेतन को जूझना पड़ता है। इसके साथ तीसरी समस्या को भी जोड़ा गया है जो अहं की है। अगर अहं की समस्या को अस्तित्व और अस्मिता की समस्या से जोड़ दिया जाये तो यह चेतन के व्यक्तित्व का अभिन्न अंग है। उसका अनेक नारियों से नाता जोड़ना सैक्स की भूख को उजागर करता है—कुन्ती, चन्दा, प्रकाशो, केसरो, नीला आदि। और नीला उसके हृदय पर अमिट छाप अंकित कर जाती है जो उसे आजीवन सालती रहती है। इस उपन्यास का केन्द्र-बिन्दु चेतन और नीला का आपसी सम्बन्ध है और इसके निरूपण में लेखक की जीवन-दृष्टि झलकती है। चेतन बंसीलाल की तरह अब मूक नहीं रहा, वाचाल हो गया है। वह अब अपनी नियति को सितारों के खेल में नहीं आँकता, सामाजिक बन्धनों के रूप में समझने लगा है। वह अपने अभावों को

सामाजिक विधान में खोजने लगा है और इस विधान के टूटने या बदलने की बात सोचता है। इस तरह बंसीलाल का रोमांटिक बोध बदल गया है, चेतन बौद्धिक ढंग से सोचने लगा है जो आधुनिकता की चुनौती का परिणाम है। उस समय लेखक पाश्चात्य मनोविज्ञान और समाजशास्त्र की भाषा बोलने लगे थे और अश्क किस तरह पीछे रह सकते थे। इस तरह हर उपन्यासकार इस चुनौती को अपने और युगीन परिवेश में स्वीकारने की गवाही देता है। आधुनिकता की प्रक्रिया समकालीनता या समसामयिकता के माध्यम से उजागर होती है। इसे किसी एक परिभाषा में बाँधना इसे जड़ बनाना होगा। यह प्रक्रिया चेतन में कभी गतिशील है तो कभी स्थितिशील। इसके व्यक्तित्व को परिस्थितियों का दास भी कहा गया है और इसमें नायक के गुणों का अभाव भी कुछ आलोचकों को अखरा है। नन्ददुलारे वाजपेयी को चेतन के बारे में यह शिकायत है कि वह प्रेमचन्द के सूरदास, चक्रधर, प्रेमशंकर और अमरकान्त की तरह क्यों नहीं है। इस तरह की परख आरोपित दृष्टि का परिणाम होती है। अश्क से यह गिला करना भी कि इन्होंने महाकाव्य के नायक की सृष्टि क्यों नहीं की है, इसी दृष्टि को सूचित करता है। चेतन जीना चाहता है, इससे वंचित होकर वह छटपटाता है, भटकता है, कराहता है और विवशता की स्थिति में सब पर व्यंग्य-बाण छोड़ सकता है। वह समाज की थोथी मान्यताओं से घृणा करता है। वह उन दीवारों के बारे में सोचता है जिनका अन्त नहीं है। इन सबका गिरना कैसे होगा, कब होगा। इनका जवाब उसकी ताकत से बाहर है। वह इतना जानता है कि इनके गिरने से व्यक्ति का विकास हो सकता है। चेतन के परिवेश में सड़ाँध है जो व्यक्ति का दम घोटती है। इस तरह अश्क ने व्यक्ति की समस्याओं को वास्तव के धरातल पर उठाया है और आधुनिकता के इस पहलू को उजागर किया है जो व्यक्ति को केन्द्रित करता है। यह उपन्यास साधारण जीवन की साधारण घटनाओं से बुना गया है। इसमें न तो खादी के धागों की पावनता है और न ही रेशमी तन्तुओं की सुकुमारता और कोमलता है। कहीं-कहीं अनावश्यक धागों को भी ठूँसा गया है जो इसकी बुनती से बाहर निकलकर लटकने लगते हैं। यह कहीं-कहीं अनावश्यक विस्तारों में उलझ जाने का भी परिणाम है। अश्क अपनी आवाज़ सुनने के मोह का संवरण नहीं कर पाए हैं। यह शायद इसलिए कि उपन्यासकार के मन में पाठक की समझ पर पूरा विश्वास नहीं है। अनेक स्थलों पर वह उपन्यास से निकलकर पाठक के सामने खड़े हो जाते हैं। यह सही है कि उपन्यास की विधा में सम्बोधन का होना आवश्यक है; लेकिन आधुनिकता की चुनौती ने इसके इस्तेमाल पर अंकुश लगा दिया है। यह उपन्यास कभी-कभी भीतर से टूटा हुआ और बाहर बिखरा हुआ भी लगता है। इस बिखराव की तह में न तो चारित्रिक रवानी

है और न ही बौद्धिक धारा। इस तरह के अन्य आरोप भी इस पर लगाये गये हैं। इसमें व्यक्ति या व्यक्तियों के समूह का चित्रण नहीं है जो एक-दूसरे से जुड़े हुए हों, ये आपस में जुड़ने के बजाय लेखक से जुड़ जाते हैं। चेतन के व्यक्तित्व पर समझौते की खालें हैं; एक उतरती है तो दूसरी निकल आती है। उसका व्यक्तित्व रीढ़हीन, ढुलमुल-यकीन और कमज़ोर है। इनके अतिरिक्त इस पर शिल्पगत आरोप भी हैं। इसमें सन्तुलन का अभाव है, इसमें चित्रि घटनाएँ चेतन के आगे-पीछे की कहानियाँ बन जाती हैं। इसलिए उपन्यास कहानियों का संकलन-मात्र है जिसके अन्त में एक निबन्ध है। इन कहानियों की रस्सिओं को एक लम्बे रस्से से बाँध दिया है जो शायद स्वयं लेखक है। इस तरह उपन्यास की वस्तुगत और शिल्पगत त्रुटि के लिए अगर एक-एक अंक काट लिया जाये तो इसे दस में सिफर ही मिल सकता है, लेकिन **गिरती दीवारें** फिर भी एक उपन्यास है। आलोचक जब अपनी आवाज़ को उपन्यास पर लादने की कोशिश करता है तो उसकी आवाज़ दबकर रह जाती है। अश्क को अगर अपनी आवाज़ पात्रों की आवाज़ से अधिक पसन्द है तो आलोचक अपनी आवाज़ को उपन्यास की आवाज़ से बेहतर समझने लगता है जो उपन्यास की पहचान-परख से उसे दूर कर देती है। इसके बावजूद **गिरती दीवारें** (1947) का महत्त्व इसके निजी स्वर में है, आधुनिकता की चुनौती को वैयक्तिक धरातल पर स्वीकारने में है। इसकी राह प्रेमचन्द और अज्ञेय के उपन्यास के बीच की राह है, न तो सामाजिकता के पथ से कटी हुई और न ही वैयक्तिकता की पगडण्डी में सीमित। इस उपन्यास का भी अपना संसार है जिसमें चेतन के अतिरिक्त पिता शादीराम, माँ लज्जावती, पत्नी चन्दा, वैद्यराज रामदास, हुनर साहब, भाई साहब, सरदार जगदीश सिंह, कुन्ती, केसरो और नीला हैं। अन्तिम पात्र चेतन को घुन की तरह लग जाता है। उपन्यास की व्यंग्यात्मक दृष्टि के मूल में खोखला समाज है जिस पर चोटें करना लेखक का उद्देश्य है। चेतन लेखक की राह पकड़ लेता है जो असन्तोष, बौखलाहट और छटपटाहट की है, अपने को और समाज को बदलने की है, लेकिन वह बदल नहीं पाता। इसका चित्रण और मूल्यांकन अधूरा होकर भी सजीव होने का बोध कराता है।

10. उपेन्द्रनाथ अश्क के उपन्यास की रचना-प्रक्रिया यदि प्रेमचन्द और अज्ञेय के उपन्यास के बीच की कड़ी है तो नागार्जुन के उपन्यास **रतिनाथ की चाची** (1949) और **बलचनमा** (1952) का उपन्यास-कला के मूल में बोध समाजवादी है जो आधुनिकता-बोध के दूसरे पहलू को उजागर करता है। आधुनिकता की प्रक्रिया द्वन्द्वात्मक भौतिकवादी चिन्तन से प्रेरित जान पड़ती है। उपन्यासकार ने आधुनिकता की चुनौती को समष्टि-सत्य के धरातल पर स्वीकार किया है और देहाती जीवन का चित्रण और मूल्यांकन इस दृष्टि से किया

है। यह जीवन मिथिला के अंचल-विशेष से सम्बद्ध है। इन्हें भूल से आंचलिक उपन्यास का नाम दिया गया है जो पश्चिम की नकल का परिणाम है। इनमें मूल दृष्टि समाजवादी है। इसलिए इन्हें समाजवादी उपन्यास का नाम देना बेहतर जान पड़ता है। इसी तरह ऐतिहासिक उपन्यास नाम भी असंगत जान पड़ता है। इतिहास को आधार बनाकर जिस दृष्टि से इसे आँका गया है वह उपन्यास की प्रवृत्ति को निर्धारित करती है। उदाहरण के लिए हजारीप्रसाद द्विवेदी का उपन्यास **बाणभट्ट की आत्मकथा** स्वच्छन्दतावादी उपन्यास है और राहुल का **जय यौधेय** समाजवादी है और दोनों की रचना इतिहास के आधार पर की गयी है। इसी तरह **मैला आँचल** स्वच्छन्दतावादी उपन्यास है और **बलचनमा** समाजवादी, और दोनों में अंचल-विशेष आधार है। इस तरह देश (अंचल) और काल (इतिहास) के चित्रण और निरूपण में दृष्टि-विशेष को आधार बनाना अधिक सही जान पड़ता है। नागार्जुन ने इन दोनों में मिथिला के जीवन को समाजवादी जीवन-दृष्टि से आँका है और यह धारणा के स्तर पर न होकर संवेदना के स्तर पर है। इस सुजला, सुफला और शस्यश्यामला धरती के जीवन और परिवेश का चित्रण और मूल्यांकन सहज और स्वाभाविक रूप में हुआ है। रतिनाथ के चरित्र में लेखक के निजी जीवन की झलक भी मिल जाती है। रतिनाथ के पिता की अकिंचनता, बचपन में माँ के स्नेह से वंचित हो जाना, पराश्रित छात्र-जीवन, काशी और कलकत्ता से परीक्षाएँ पास करना और धनाभाव के कारण हीन-भाव का गहराना लेखक के निजी अनुभवों पर आधारित है। उपन्यास के केन्द्र में रतिनाथ की चाची गौरी का निजी व्यक्तित्व है। वह मौत की छाया से घिरकर भी महायुद्ध में रूस की विजय की कामना करती है जिससे उसकी समाजवादी दृष्टि का परिचय मिलता है। ताराचरण की दृष्टि भी समाजवादी है। गौरी के विरोध में दमयन्ती को रखा गया है जो सामाजिक रूढ़ियों और अपनी कुटिल बुद्धि के बल पर गाँव में नारी-समाज का संचालन करती है। रतिनाथ के चरित्र को रेखांकित करने का उद्देश्य भी गौरी को गौरवान्वित करना है। एक कुलीन और विपन्न विधवा को समाज के लांछन, अपमान, तिरस्कार आदि को सहन करते-करते किस तरह मौत की गोद में विपदाओं से त्राण पाना पड़ता है—इसकी करुण कथा को सजीव और विशद रूप में अंकित किया गया है। देहात के जीवन से लेखक का सहज अनुराग है, धरती की सोंधी गन्ध से स्वाभाविक मोह है। एक आलोचक ने उपन्यास में अंकित समलिंगी रति को व्यभिचार का नाम दिया है और चाची के समाजवादी दृष्टिकोण को आरोपित बताया है। पहली नैतिक समस्या है और दूसरी कलात्मक। यदि समलिंगी रति के चित्रण में रमने का बोध हो या अपराध का तो इसे अनैतिक कहा जा सकता है। लेखक ने रूढ़ि को चुनौती दी है। इसी तरह समाजवादी दृष्टि को

अगर संवेदना के बजाय धारणा के स्तर पर अभिव्यक्ति मिली तो इसे आरोपित कहना उचित जान पड़ता है। इनके अभाव में आलोचक का दृष्टिकोण ही आरोपित ठहरता है। इनके दूसरे उपन्यास **बलचनमा** (1952) से यह स्पष्ट हो जाता है कि नागार्जुन ही शायद हिन्दी के अकेले उपन्यासकार हैं जिन्होंने आधुनिकता की चुनौती को समाजवादी-बोध के स्तर पर सहज और अनायास रूप में स्वीकारा है और यह बोध इनके पोर-पोर में समाया है। अब इनसे सच-सच बतलाने को कहा गया है कि क्या इनका समाजवादी बोध ऐतिहासिकता से कटकर दिशाहीन हो गया है? यह उसी तरह जिस तरह आधुनिकता का पहला दौर रोमांटिक लगने लगा है। इनके समाजवादी बोध से अब रोमांटिकता की गन्ध आने लगी है। उस समय एक आलोचक को यह लगा था कि प्रेमचन्द का दृष्टिकोण **सामाजिक यथार्थ** की देन है और नागार्जुन की जीवन-दृष्टि **समाजवादी वास्तव** से प्रेरित है।[1] होरी भी किसान है और बलचनमा भी। होरी देहाती संस्कृति के नाश की सूचना देता है और बलचनमा उसकी भावी रचना की। उसका व्यक्तित्व मिथिला के अंचल-विशेष में विकास पाता है। होरी भूमि के अधिकार से वंचित हो जाता है और बलचनमा भूमिहीन किसान से आगे बढ़कर उस पर अपना अधिकार जमाना चाहता है। उपन्यास में किसानों को संगठित करने की कोशिश नयी चेतना का संकेत देती है। देहाती जीवन की साधारण घटनाओं को सूचित करने में, उसके छोटे-छोटे सुखों का निरीक्षण और चित्रण में, नये जीवन की धड़कन में, अंचल-विशेष के मुहावरे को पकड़ने में, तद्भव शब्दों के इस्तेमाल में, परिवेश की गन्ध को सूंघने में उपन्यास का ताना-बाना बुना गया है। इस उपन्यास में समाजवादी चेतना का यह परिणाम भी निकला है कि होरी की निराशावादी दृष्टि बलचनमा की आशावादी दृष्टि में बदल जाती है जिससे लेखक की आस्था का भी परिचय मिल जाता है। इस तरह उपन्यास आधुनिकता के उस शिविर से जुड़ जाता है जो वास्तववादी परम्परा का निरूपण करती है, कला के मानवीकरण का दम भरती है। उपन्यास का उद्देश्य नयी और फूटती सामूहिक चेतना को वाणी देना है। इनके दोनों उपन्यासों में लेखक की धरती से ममता उजागर होती है और साथ ही उसके जीवन की रूढ़िगत मान्यताओं से घृणा। इस ममता और घृणा से मानवीयता के स्वर निकलते हैं।

11. इस काल में एक ओर तो **रतिनाथ की चाची** और **बलचनमा** की रचना उपलब्ध होती है तो दूसरी ओर **नदी के द्वीप** (1951) की। इस तरह आधुनिकता के दोनों पहलू, जिनमें आपसी विरोध है, उजागर होते हैं। इससे

1. सुषमा धवन : हिन्दी-उपन्यास, पृ. 303

इतना सिद्ध हो जाता है कि भारतीय परिवेश में आधुनिकता की प्रक्रिया दो परस्पर-विरोधी स्वरों में व्यक्त हो रही थी, दो विपरीत स्तरों पर क्रियाशील थी। यह न केवल हिन्दी के उपन्यास में उपलब्ध है, दूसरी विधाओं में भी इसकी गवाही मिल जाती है।[1] एक ही स्थिति और संवेदना का साहित्य की सभी विधाओं में उपलब्ध होना संयोगवश न होकर कारणवश है। इसका जवाब समाजशास्त्र का पण्डित बेहतर दे सकता है। **नदी के द्वीप, बूंद और समुद्र** की भाषा भी युग-बोध को इंगित करती है। अज्ञेय के उपन्यास का उद्देश्य उसके पात्रों के मुख से स्पष्ट किया गया है—"हम जीवन की नदी के अलग-अलग द्वीप हैं—ऐसे द्वीप स्थिर नहीं होते, नदी निरन्तर उनका भाग्य काढ़ती चलती है, द्वीप अलग-अलग होकरे निरन्तर घुलते और पुनः बनते रहते हैं—नया घोल, नये अणुओं का मिश्रण, नयी तलछट, एक स्थान से मिटकर दूसरे स्थान पर जमते हुए नये द्वीप।"[2] इस दृष्टि से काल की धारा भी धारा नहीं है, काल की धारा क्षणों का योगफल है। इस दृष्टि में अस्तित्ववादी बोध है जो आधुनिकता की चुनौती का परिणाम है, द्वीप-सत्य की देन है। इसे असामाजिक भी कहा गया है, समाज-विरोधी का नाम दिया गया है जो आधुनिकता के दूसरे पहलू का परिणाम है। इस तरह पाश्चात्य आधुनिकता-बोध ने काल के ऐतिहासिक बोध को चुनौती दी है, घड़ियों को तोड़ दिया है। एक आलोचक ने **नदी के द्वीप** का मूल्यांकन **सुन्दर पके फल में कीड़े** की शब्दावली में किया है। इनका मत है कि उपन्यास की कला तो सफल है, लेकिन इसका सिद्धान्त गलत है।[3] इसका मतलब यह हुआ कि इसका शिल्प तो सफल है, लेकिन इसकी वस्तु असफल। इस तरह वस्तु को शिल्प से अलगाना कहाँ तक संगत है! यह अपनी दृष्टि को उपन्यास पर आरोपित करना है कि इसकी वस्तु इस तरह क्यों है, इस तरह क्यों नहीं है। उपन्यास या तो कृति है या विकृति या अनुकृति। इसके सिद्धान्त से सहमत या असहमत होना इतना महत्त्व नहीं रखता जितना इसका सृजनात्मक होना। इसी तरह नैतिकतावादी आलोचक इसमें अश्लीलता खोजते हैं। क्या **अश्लीलता** का चित्रण उपन्यास का अभिन्न अंग है? क्या कलात्मक रचाव को यह ठेस लगाता है? एक आलोचक को इसकी वस्तु अखरती है, दूसरे को इसकी अनैतिकता, तीसरे को इसकी असामाजिकता, चौथे को इसकी अराजकता, पाँचवें को भुवन की नपुंसकता, छठे को इसकी शेखर-परिशिष्टता, फिर भी ये इसे उपन्यास कहने से बाज़ नहीं आते। यदि यह उपन्यास है तो इसकी पहचान-परख एक उपन्यास के रूप में अपेक्षित है। हर उपन्यास का

1. इन्द्रनाथ मदान—आलोचना और साहित्य
2. नदी के द्वीप, पृ. 206
3. विश्वम्भरनाथ उपाध्याय—विवेक के रंग, (सं.) देवीशंकर अवस्थी, पृ. 416

अपना संसार होता है, आज जिसे परिभाषा में बाँधना भी कठिन हो रहा है। आधुनिकता की चुनौती ने इसके पुराने चौखटों को तोड़ दिया है। यह सही है कि **शेखर** में नदी भी है और द्वीप भी हैं, लेकिन **नदी के द्वीप** में नदी का जल सूख गया है और इसमें द्वीप अधिक उभर आये हैं, व्यक्ति अपने परिवेश से अधिक कट गये हैं। इन द्वीपों को विभिन्न पात्रों की दृष्टि से आँका गया है—भुवन, चन्द्रमाधव, गौरा और रेखा। यह कहना कि भुवन गम्भीर, विचारशील, शिष्ट, भावुक, कामुक और आत्मरत क्यों है, रेखा भावुक, शिष्ट और आत्मनिष्ठ क्यों है, चन्द्रमाधव विषयी, वंचक और आस्थाहीन क्यों है और गौरा उन्मुक्त, कोमल और धीर और संयमी क्यों है, उसी तरह कहना होगा—भुवन अमरकान्त क्यों नहीं है। इस उपन्यास में हर पात्र अपनी आँख से जीवन को देखता है और अपने मन से इसे परखता है। इस तरह परिस्थितियों को पहचानने और समझने के लिए विभिन्न दृष्टिकोणों को अपनाया गया है और यह इसका शैलीगत महत्त्व भी है। आज इन दृष्टिकोणों में रोमांटिक बोध को आँका जा सकता है। यह उसी तरह जिस तरह आज **नयी कविता** में रोमांटिक बोध को खोजा और पाया जा रहा है, आधुनिकता की प्रक्रिया इस दौर से गुज़र चुकी है, नगर-बोध अधिक गहरा गया है। इन पात्रों के आपसी सम्बन्धों में केवल मिथुन की सम्पदा है या विचार की भी है—यह अलग सवाल है। प्रेम और विवाह के बारे में हर व्यक्ति को स्वतन्त्र रूप से सोचने का अधिकार मिला हुआ है। इनके बारे में हिन्दी का उपन्यासकार एक अरसे से सोचता आया है और सोच रहा है। पहले रोमांटिक दृष्टि से मध्यकालीन दृष्टि का विरोध होता रहा है और बाद में आधुनिकता की दृष्टि से रोमांटिक बोध का। प्रेमचन्द से लेकर आज तक प्रेम और विवाह की समस्या लेखकों को उलझाती रही है और जैनेन्द्र-अज्ञेय इसके घेरे में आ जाते हैं तो यह अनोखी बात नहीं है। **नदी के द्वीप** में हर पात्र अपनी दृष्टि से इसकी हर मान्यता पर प्रश्नचिह्न लगाता है और प्रश्नचिह्न लगाने में आधुनिकता की प्रक्रिया गतिशील है। भुवन का इष्ट विज्ञान भी है और रेखा-गौरा भी, बौद्धिक विलास भी है और काम-विलास भी। वह शोधक भी है और बोधक भी, अनुसन्धान भी है और काव्य भी। यदि शेखर शशि पर पूरा अधिकार नहीं पा सका है तो भुवन इस दिशा में शेखर से आगे बढ़ता है। शशि और रेखा दोनों विवाहिता हैं और विवाहिता पर अधिकार जमाने में अज्ञेय के नायक को विशेष सन्तोष मिलता है। इस सम्बन्ध में कवि की कुछ पंक्तियों का हवाला देना असंगत न होगा—

तोड़ दूँगा मैं तुम्हारा आज यह अभिमान
तुम हँसो कह दो कि अब उत्सर्ग वर्जित है
छोड़ दूँ कैसे भला जो अभीप्सित है

कोषवत् सिमटी रहे यह चाहती नारी
खोल देने, लूटने का पुरुष अधिकारी।

इस तरह नारी पर विजय पाना, वशीकृत होकर चिन्ता से नारी के अभिमान को तोड़ना उपन्यास का मूल विषय है। **शेखर इस जयमाला को पहनने से वंचित रहा, भुवन उसकी टूटी माला को पिरोकर उसे जयमाला बना लेता है।** पहले रेखा के और बाद में गौरा के अभिमान को तोड़ा गया है। रेखा के संग में भुवन की एकान्त चेतना जागती रहती है—कुदसिया बाग में, यमुना के क़छार पर, ताल के तटों पर और कश्मीर के पहाड़ों पर। भुवन उसके अंग-अंग का परिचय पाता है, कोष के समान नारी को खोलता है और उसे लूटता है। नैनीताल और सप्तताल में उसे एकान्त में लूटना अधिक सुविधाजनक है। तुलियन झील के किनारे संचारी और व्यभिचारी के संयोग से स्थायी भाव की निष्पत्ति रस में होती है और रसास्वादन के बाद दोनों का विच्छेद हो जाता है। इस तरह का पलायन भुवन के स्वभाव में है, रेखा के पत्रों का उत्तर न देना भी उसकी सीरत में है। वह रेखा पर अजात शिशु के हनन का आरोप लगाकर गौरा की तरफ़ बढ़ता है। भुवन पर यह आरोप लगाना कि वह पुरूरवा और विश्वामित्र क्यों नहीं है, शिव और शान्तनु क्यों नहीं है जिनके पौरुष के परिणाम निकले हैं, असंगत-सा लगता है। रेखा से विवाह की बात चलाना और गौरा से यह कहना कि विज्ञान से जिसकी शादी हो जाती है, उसे फिर कुछ नहीं सोचना चाहिए, उसके व्यक्तित्व के कुछ पहलू हैं जिन्हें स्वीकार कर ही उसकी पहचान-परख हो सकती है। यह सही है कि रेखा में साहस है, भुवन में नहीं है। वह गौरा के लिए भुवन की कमज़ोरी को पहचान लेती है। शशि भी शेखर की साहित्य के लिए कमज़ोरी जानती थी। रेखा टूटने लगती है, लेकिन टूटती नहीं, अपना घर किसी और के साथ बसा लेती है। वह इस दृष्टि से शशि का विकसित रूप हैं और भुवन शेखर का परिशिष्ट रूप, जो शेखर के अभाव को तो पूरा कर लेता है; लेकिन स्वयं सिकुड़ जाता है। एक साहित्यकार है और दूसरा वैज्ञानिक और वैज्ञानिक का व्यावहारिक होना भी स्वाभाविक है; लेकिन वैज्ञानिक काव्य को भुला नहीं देता। उसे कविता की अनेक सतरें याद हैं और उपन्यास में इनकी बार-बार गवाही मिलती है जो अखरती है। इस उपन्यास में नर और नारी के सम्बन्ध को उजागर करने में लारेंस की जीवन-दृष्टि है—विपरीतलिंगी व्यक्तियों में एक-दूसरे पर विजय पाने की होड़। भुवन इस होड़ में सफल है, लेकिन चन्द्रमाधव असफल। रेखा नहीं मिलती तो चन्द्रमाधव गौरा की ओर झुकता है। गौरा भी नहीं मिलती तो वह रेखा के पति हेमेन्द्र को उकसाता है। वह नौकरानी तक को छेड़ने से बाज़ नहीं आता। लेखक ने चन्द्रमाधव को साम्यवादी दल का सदस्य किस उद्देश्य से बनाया है इसका राज़ वही खोल सकते हैं।

चन्द्रमाधव का व्यक्तित्व सतही है, वह सदा सनसनी की खोज में व्यस्त रहता है। अज्ञेय ने रेखा की रचना में तो आधुनिकता के बोध का परिचय दिया है, लेकिन गौरा की रचना में रोमाण्टिक बोध का। भुवन के विचारों को बौद्धिक विलास का नाम दिया गया है और उपन्यास मिथुन तक सीमित किया गया है। भुवन के विचार उसके व्यक्तित्व का अभिन्न अंग हैं और मिथुन उसके कुण्ठित व्यक्तित्व का परिणाम। इस तरह उपन्यास में मिथुन का ही अकेलापन नहीं है, व्यक्ति का भी अकेलापन है। यह कहना कठिन है कि केवल मनुष्य ही मिथुन के लिए अकेलापन खोजता है, पशु या पक्षी नहीं। उपन्यास में भाषा की तरलता, कोमलता और सूक्ष्मता मानसिक परतें उघाड़ने के काम आती हैं। भाषिक संरचना की दृष्टि से इसमें खड़ी बोली के निखरे रूप को आँका गया है जिसमें ठेठ और अभिजात की टकराहट से नयी भाषिक शक्ति पैदा होती है। ठेठ खड़ी बोली का है और अभिजात संस्कृत और अंग्रेज़ी दोनों का है।[1] इसका एक उदाहरण तब मिलता है जब भुवन गौरा के स्नेह-तन्तुओं में बँधकर भी रेखा के त्याग और स्नेह को भुला नहीं सकता, चाहे वह कितना ही धुंधला पड़ गया है। वह अपनी वेदना को गौरा से कहकर हृदय के भार को कम तो कर लेता है, लेकिन उसे उतार नहीं पाता। इस उपन्यास में आधुनिकता की चुनौती को स्वीकारा गया है तो इसकी अभिव्यक्ति रेखा के व्यक्तित्व में उपलब्ध है। भुवन का व्यक्तित्व तो उसकी बौद्धिकता के होते हुए भी मूलतः रोमाण्टिक है, परन्तु रेखा में भाव और बुद्धि का घोल है, तटस्थता है, आधुनिकता की संवेदना का विकास है जो पहले दौर की है जिसमें अब रोमाण्टिकता को आँका जा सकता है। भुवन का जीवन-बोध शेखर के विद्रोह में उजागर होकर संकुचित हो गया है। वह नदी का द्वीप बनकर व्यक्ति-सत्य को एक जीवन-दृष्टि के रूप में निरूपित करने की कोशिश करता है जो उसका अधिकार है। इस तरह भुवन की विचार-सम्पदा आधुनिकता की प्रक्रिया को एक **दायरे** में उजागर करती है।

12. हिन्दी-उपन्यास को अभी तक अपना पूरा मुहावरा नहीं मिल सका है। इसका एक कारण यह है कि इसे पकड़ने के लिए बहुत कम प्रयोग हुए हैं। **सूरज का सातवाँ घोड़ा**[2] (1952), जो एक प्रयोगशील कवि का प्रयास है, एक अपवाद ही कहा जा सकता है। इसके पहले वह **गुनाहों का देवता** (1949) की रचना कर चुके थे जिसमें भावना और वासना की आपसी टकराहट का चित्रण काव्यात्मक शैली में किया गया है। भावना से विरक्ति और वासना में अनुरक्ति और दोनों में मोह-भंग की जो घनी अनुभूति मिली उसका चित्रण

1. रामस्वरूप चतुर्वेदी : अज्ञेय और आधुनिक रचना की समस्या, पृ. 111
2. धर्मवीर भारती

सूरज का सातवाँ घोड़ा का मूल उद्देश्य है। विवाह का खोखलापन, युवक-युवतियों की कुण्ठा, झूठी नैतिकता पर व्यंग्य-बाण छोड़े गये हैं। इस लघु उपन्यास में माणिक मुल्ला के माध्यम से लेखक ने पुरानी मान्यताओं की आलोचना की है। उसके जीवन में तीन नारियाँ आती हैं और तीनों ही अपने-अपने स्वभाव और बोध को उजागर करती हैं। जमुना अधपढ़ और कुण्ठित है, लिली भावुक और आधुनिक का विचित्र मिश्रण है, सत्ती हाथ से परिश्रम करनेवाली स्वाधीन और खुले स्वभाव की है। इस छोटे उपन्यास में यह कहने की कोशिश है कि जमुना माणिक को विकृतियों में डुबो देती है, लिली उसे आकाश में उड़ाती है और सत्ती सहज मानवीय आधार पर उसे धरती पर उतारती है। इस तरह जमुना की दृष्टि सामन्ती है, लिली आधुनिक होने का दम भरती है और सत्ती शायद भावी दृष्टि का संकेत देती है। इस तरह उपन्यास में आधुनिकता के उस दौर के संकेत बीज रूप में मिलते हैं जो नयी कविता का है, छायावाद से छुटकारा पाने की यातना में है। माणिक जीवन-धारा से कटा हुआ उदासीन व्यक्ति है। वह तटस्थ होकर सब पर मीठी चुटकियाँ लेने की स्थिति में है और व्यंग्य उसके लिए असफलता से जूझने और उसे भुलाने का सशक्त माध्यम बन जाता है। वस्तु-स्थिति के स्वीकार में आधुनिकता का बोध उजागर होता है। उसकी असफलता प्रेम की है। यह लगता है कि गुनाहों का देवता चन्द्र अपनी सुधा से वंचित होकर माणिक का रूप धारण करता है। चन्द्र ने बिनती की श्रद्धा को ठुकराया था, पम्मी की पवित्रता को गँदलाया था और सुधा के पावन स्नेह को नकारा था। माणिक मुल्ला चन्द्र के मानसिक मन्थन से गुज़रकर, विविध अनुभूतियों से सम्पन्न होकर अपनी बात कहना चाहता था। इसे कहने के लिए भारती ने अनूठे ढंग को अपनाया है। हर रोज़ माणिक के घर में एक कथा का वाचन होता है और इस पर रात को सोच-विचार किया जाता है। इस तरह अनेक कहानियों में एक कहानी है जो समाज के खोखलेपन की आलोचना है। अन्त में यह कहा गया है--हमारी ज़िन्दगी को ज़रा उघाड़कर देखो तो हर तरफ़ इतनी गन्दगी और कीचड़ छिपा हुआ है कि सचमुच उस पर रोना आता है, लेकिन मैं तो इतना रो चुका हूँ कि अब आँख में आँसू आता ही नहीं, अतः लाचार होकर हँसना पड़ता है। जो लोग भावुक होते हैं और सिर्फ रोते हैं, वे रो-धोकर रह जाते हैं, पर जो लोग हँसना सीख जाते हैं, वे कभी-कभी हँसते-हंसते उस ज़िन्दगी को बदल भी डालते हैं। इस तरह मोह-भंग की अनुभूति और भावुकता से छुटकारा रोमान से छुटकारा है, और यह आरोपित न होकर उपन्यास से निकलता है, उपदेश या सन्देश न होकर माणिक की संवेदना का अभिन्न अंग है जिसमें आधुनिकता का बोध उजागर होता है। सूरज का सातवाँ घोड़ा एक प्रतीक है—यह भावी के सपनों

का घोड़ा है जो उपन्यास के मूल से कटा हुआ है। यह उसी तरह कटा हुआ है जिस तरह **अन्धा युग** का समापन इसकी मूल सृजन-प्रक्रिया से कटा हुआ है। यह आरोपित अन्त भारती के कवि की देन है। इस तरह कविता की लय को उपन्यास की लय पर चिपकाया गया है। यह न केवल इसके सृजन को ठेस लगाता है, आधुनिकता के बोध को नकारता भी है। **अन्धा युग** में भी संरचना के इस ढंग को आँका गया है।[1] इस बन्द अन्त के सिवाय शेष उपन्यास में आन्तरिक रचाव है जो लघु उपन्यास के विकास की सम्भावना को सूचित करता है। शिल्प की प्रयोगशीलता आधुनिकता के बोध को उजागर करती है। लघु उपन्यास कथा-साहित्य की क्या स्वतन्त्र विधा है जो इसे कहानी और उपन्यास से अलगाती है? जब वस्तु कहानी के लिए अधिक जटिल हो जाती है और उपन्यास के लिए अधिक घनी तब इसकी अभिव्यक्ति की विधा को लघु उपन्यास का नाम दिया जाता है। इसे लम्बी कहानी कहना इसलिए अनुचित है कि इसमें एक से अधिक अन्वितियाँ होती हैं। इसमें कहानी की सघनता और उपन्यास के विस्तार दोनों का समावेश होता है। आज कहानी, लम्बी कहानी और लघु उपन्यास में विधागत अन्तर शायद इसलिए मिटता जा रहा है कि एक तो कहानी के लिए साधना की कमी है, दूसरे वास्तव की जटिलता को कहानी में उजागर करना कठिन हो रहा है, तीसरे उपन्यास के विस्तार को सँभालना मुश्किल पड़ रहा है। उपन्यास के बजाय लघु उपन्यास और कहानी के बजाय लम्बी कहानी की रचना होने लगी है। उपन्यास और कहानी में यदि किसी अन्तर को स्वीकारा गया है तो इसका आधार एक और अनेक अन्वितियों का ही हो सकता है। इस आधार से उपन्यास और कहानी की लोच या लचक को ठेस नहीं लगती। यदि लघु उपन्यास के संसार में एक से अधिक अन्वितियाँ हैं और कहानी की दुनिया में केवल एक अन्विति है तो इससे उपन्यास की संवेदना कहानी से अधिक व्यापक नहीं बन जाती। कहानी की सीमित अनुभूति कभी-कभी उपन्यास से अधिक व्यापक संकेत छोड़ जाती है। **कफ़न** कहानी इसका उदाहरण है।

13. रेणु (फणीश्वरनाथ) के **मैला आँचल** (1954) की रचना को हिन्दी-उपन्यास में एक घटना माना गया था जो अब पुरानी पड़कर रूढ़ होने की भी गवाही देने लगी है। आंचलिक उपन्यास के नाम से इसे नयी विधा माना गया था जिस पर आज प्रश्नचिह्न लगाया जा सकता है। इसके मूल्यांकन पर आलोचकों में गहरा मतभेद पाया जाता है। इसे कृति से लेकर विकृति तक या चित्र से लेकर फोटो-चित्र तक का नाम दिया गया है। इन दोनों अतिवादों में

1. आधुनिकता और सृजनात्मक साहित्य—इन्द्रनाथ मदान

मैला आँचल डोलता रहा है। इसी तरह इसमें कभी रोमाण्टिक बोध को आँका गया है तो कभी आधुनिकता के बोध को। इसे कभी नायक-विहीन उपन्यास कहा गया है तो कभी अंचल-विशेष को इसका नायक माना गया है। रेणु के इस उपन्यास के छपने के बाद अन्य उपन्यासों में आंचलिकता को खोज निकालना और उन पर शोध का जारी होना आरोपित दृष्टि का परिणाम जान पड़ता है। यह पहले कहा जा चुका है कि आंचलिक उपन्यास को एक स्वतन्त्र प्रवृत्ति के रूप में मान्यता देना उसी तरह असंगत है जिस तरह ऐतिहासिक उपन्यास को। इस मत को चुनौती तो दी जा सकती है; लेकिन यह सोचने के लिए बाधित अवश्य करती है। इसी तरह की भूल ग्राम-कथा और नगर-कथा के बारे में की गयी है। कृति-विशेष में जीवन-बोध इसकी प्रवृत्ति को निर्धारित करने की क्षमता रखता है। **मैला आँचल** की पहचान-परख आंचलिकता की दृष्टि से भी की गयी है। यह भी कहा गया है कि इसमें राजनीतिक और स्थानीय रंग-बोध दोनों कृति में बाधा डालते हैं। यह भी कहा गया है कि इसमें अंचल के जीवन की संवेदना को गहरे में नहीं पकड़ा गया है। यह मत भी व्यक्त किया गया है कि देहाती जीवन को अधिकांशतः शहरी दृष्टि से आँका गया है। इसकी समस्याओं को नगर के चौखटे में रखकर उपन्यासकार इसे काटते-छाँटते रहे हैं। रेणु का **मैला आंचल** इन आंचलिक उपन्यासों से भिन्न है—**सागर लहरें और मनुष्य**, **बूंद और समुद्र**, **कब तक पुकारूँ**, **बया का घोंसला और सांप**, **अलग-अलग वैतरणी** आदि। इसकी विशिष्टता मिथिला के निरन्तर बदलते एक गाँव की तस्वीर में आँकी जा सकती है जो सदियों से सोते-सोते अब जागने लगा है।[1] यह गाँव जब नगर-बोध से जुड़ने लगता है तो इसमें आधुनिकता का बोध उजागर होने लगता है। डॉ. प्रशान्तकुमार के इस गाँव में आने पर इसमें गति आने लगती है; मेरीगंज में मलेरिया सेण्टर के खुलने पर अनेक सेण्टर स्थापित होने लगते हैं। इस उपेक्षित गाँव का जड़-जीवन विक्षुब्ध होने लगता है। इसके जीवन में पुराने सम्बन्ध टूटने, बिगड़ने, बनने लगते हैं। इन टूटते, बिगड़ते, बनते सम्बन्धों पर रेणु की पकड़ गहरी है। इस गाँव के जीवन के रीति-रिवाजों, विश्वास-अन्धविश्वासों आदि को जिस पैनी दृष्टि से उजागर किया गया है और जिस आत्मीयता से चित्रित किया गया है उसमें उपन्यास की निजता लक्षित होती है। इसकी भाषा भी लोक-जीवन, लोक-संस्कृति और लोक-संगीत की धुन से युक्त है। इसमें सन्देह नहीं है कि इस धुन में रेणु का कवि उभर-उभरकर सामने आता है और वह उपन्यासकार पर हावी हो जाता है। इस तरह गाँव के गद्य-जीवन में कविता का संचार होने लगता है। एक

1. नेमिचन्द्र जैन—विवेक के रंग, पृ. 207, 208

उपन्यासकार का कवि होना तो मन को भाता है, उसकी काव्य-दृष्टि मुग्ध भी करती है; लेकिन इसकी अतिशयता कभी-कभी आरोपित होकर अखरने भी लगती है। बालदेव, कालीचरन, लछमी, महन्त सेवादास, बावनदास, डॉक्टर प्रशान्तकुमार, कमला, तहसीलदार आदि में मानवीयता के स्वर सम होने का और राजनीतिक दलों के नारे व्यंग्यात्मक होने का आभास देते हैं। कुल मिलाकर लगता है कि रेणु ने आधुनिकता की चुनौती को नव-स्वच्छन्दतावाद के धरातल पर स्वीकार किया है जो इसके बोध के पहले दौर को सूचित करता है और जिसमें आज रोमाण्टिक बोध को आँका जा रहा है। इस बात को बार-बार दोहराना इसलिए पड़ता है कि आलोचना आज तक इस संकुलता की शिकार बनी हुई है। **मैला आँचल** की संरचना में बिखराव भी आया है और बिखराव अपने-आपमें दोष भी नहीं है। इस उपन्यास में दरारें कम हैं, इसकी सृजन-प्रक्रिया में अवरोध कम हैं। उपन्यास का अन्त आरोपित जान पड़ता है। मानवीयता का निरूपण करने के लिए लेखक ने उपन्यास के अन्त को खुला छोड़ने के बजाय बन्द कर दिया है। इनकी दृष्टि मानवता के पुजारियों पर पड़ती है जिनमें डॉ. प्रशान्त और उनकी पुरानी सहचरी ममता है जो उपन्यास में हाथ की छठी अँगुली के समान है। वह मानवता को अपने स्नेह से स्निग्ध करने की क्षमता रखती है। उसकी प्रेरणा से डॉक्टर भारत-माँ के धूल-भरे आँचल को छोड़कर मानव-मंगल की साधना करेगा और संसार में विज्ञान की घातक शक्तियों की चुनौती को स्वीकार करेगा। यह आस्था उपन्यास पर आरोपित है और इसलिए यह एक दरार है और इसमें आधुनिकता के बोध का नकार भी है। इसी तरह लोक-संस्कृति को उभारने में अतिशयता से काम लिया गया है। लोक-संगीत, लोक-गाथा, लोक-नृत्य, लोक-भाषा के स्वर कभी-कभी विवादी इसलिए लगते हैं कि रेणु इनमें इतना रम जाते हैं कि वह अपने संतुलन को खो देते हैं और लोक-संस्कृति की धारा में बहने लगते हैं। यह भी उपन्यास पर कवि के हावी होने का परिणाम है। वह राजनीतिक मतवादों को तो अपनी संवेदना पर हावी होने नहीं देते, परन्तु अपने कवि को पूरी छूट देकर अपने उपन्यासकार को उसकी दया पर छोड़ देते हैं। इसलिए एक आलोचक को यह कहना पड़ा है कि रेणु की दृष्टि में जितनी सरसता, आत्मीयता और कविता है उतनी परिपक्वता नहीं है। मेरीगंज की घटनाएँ लेखक के नियन्त्रण से बाहर निकल स्वतन्त्र-सी इधर-उधर टकराती रहती हैं।[1] इस पहचान-परख में आंशिक सत्य हो सकता है, लेकिन उपन्यास पर शिथिलता का आरोप लगाना इतना संगत नहीं जान पड़ता। आलोचक की दृष्टि में सुगठित उपन्यास की धारणा है या

1. नेमिचन्द्र जैन—विवेक के रंग, पृ. 216

काव्यात्मक संरचना की मान्यता है जो **मैला आँचल** पर आरोपित की गयी है। एक उपन्यास बाहर से बिखरा और भीतर से जुड़ा हो सकता है। यदि इसमें आन्तरिक संगति का अभाव है तो ऐसे उपन्यास को कृति की संज्ञा देना कठिन है। रेणु के पात्रों का व्यक्तित्व क्षीण क्यों है? बालदेव, लछमी आदि का चरित्र-चित्रण सबल क्यों नहीं है? इस तरह का मूल्यांकन करते समय यह भुला दिया जाता है कि **मैला आँचल** की रचना का उद्देश्य चरित्र-चित्रण नहीं है। यदि धरती की कथा या खोज इसका उद्देश्य है और इसका चित्रण इसकी रचना-प्रक्रिया में समा गया है तो यह इसकी सीमा न होकर इसकी उपलब्धि है। इसे उजागर करने में रेणु से भूलें हो गयी हैं और इन भूलों को दरारों के रूप में आँका भी जा सकता है। सवाल यह उठाया जा सकता है कि इस उपन्यास में अंचल-विशेष का सामूहिक चित्र उतर पाया है या नहीं? यदि यह नहीं उतर पाया है तो यह एक असफल कृति है। यदि यह उतर पाया है तो यह कहना कि इसमें तसवीरें टिकती नहीं है, बन-बनकर मिट जाती हैं, इसमें अनगिनत रेखा-चित्र हैं, इसके कथानक में एकसूत्रता का अभाव है—इस तरह के आरोप असंगत हो जाते हैं। नेमिचन्द्र के अनुसार यह उपन्यास एक असफल कृति है। इसका कारण यह बताया गया है—'विभिन्न भाव एक बड़े भारी वाद्यवृन्द के अलग-अलग वाद्य हैं, जिनकी स्वर-संगति अपनी-अपनी जगह ठीक होते हुए भी उनके सम्मिलित प्रवाह समन्वित नहीं हैं, जैसे कुछ विवादी स्वर लग रहे हों अथवा कुछ संवादी स्वर-ध्वनियों की विविधता में खो गये हों।'[1] इस तरह वह कभी चित्र-कला तो कभी संगीत-कला की शब्दावली में इसे असफल कृति के रूप में आँकते हैं; लेकिन वह बादल और ढोल के मादक स्वरों पर मुग्ध भी हो जाते हैं। यदि धरती की खोज समन्वित रूप में इनकी आँखों से ओझल रह जाती है तो इसमें उपन्यास का दोष नहीं है। इसे खोजने और पाने में रेणु ने **टेप-शैली** को अपनाया है। यह सही है कि वे इस टेप का कहीं-कहीं संतुलित सम्पादन नहीं कर सके हैं। इसका मूल कारण यह है कि लेखक का कवि इनके उपन्यासकार पर हावी हो जाता है। हर साहित्यिक विधा की अपनी-अपनी लय होती है, एक की लय को जब दूसरी विधा की लय पर आरोपित किया जाता है तब परिणाम **मैला आँचल** होता है। इसके बावजूद धरती की इस खोज में धान के लहलहाते खेत, कमलों से भरे ताल, ताड़ के वन आदि भी शामिल हैं और धरती के जीवन के अन्धविश्वास, भेदभाव, मनोमालिन्य, राजनीतिक मतवाद, पाखण्ड, अपढ़ता आदि के सजीव, अन्तरंग और व्यंग्यात्मक चित्र भी। इस तरह इस खोज की निजी उपलब्धि और सीमा है जिसे खोज के पथ पर चलकर ही आँका जा सकता है। इसलिए

1. विवेक के रंग, पृ. 217

परती की खोज के आधार पर **मैला आँचल** की पहचान-परख अधिक संगत जान पड़ती है।

14. इस तरह **मैला आँचल** में अगर उपन्यास के नये मुहावरे को खोजने की कोशिश है तो इसकी गवाही इसकी प्रयोगशील रचना-प्रक्रिया में मिल जाती है जो आधुनिकता की चुनौती का परिणाम है। यदि **गोदान** को हिन्दी-उपन्यास की विकास-यात्रा का पहला मोड़ मान लिया जाये तो दूसरा मोड़ **शेखर : एक जीवनी** लेता है जिसे नव-लेखन की दृष्टि से पहला प्रयोग कहा गया है। यह इसलिए कि जैनेन्द्र और जोशी उपन्यास की परम्परा से अलग होकर किसी नये पथ को प्रशस्त नहीं कर पाये हैं।[1] इस सुधी आलोचक के मन पर पाश्चात्य मनोवैज्ञानिक उपन्यास की सूरत मँडरा रही है और इसे कसौटी बनाकर वह हिन्दी-उपन्यास को परखने के लिए बाधित है। यह सही है कि हिन्दी-उपन्यास, जिसे अभी अपना पूरा मुहावरा नहीं मिला है और जिसकी खोज जारी है, पाश्चात्य उपन्यास के मुहावरे की नकल नहीं हो सकता। हिन्दी-उपन्यास में प्रयोग असफलता का मुँह ताक सकते हैं—वह चाहे अज्ञेय का सहकारी प्रयास **बारह खम्भा** (1951-52) हो, सर्वेश्वरदयाल सक्सेना का सिनेरियो-शिल्प में लिखा लघु उपन्यास **सोया हुआ जल** हो (निकष-1), लक्ष्मीचन्द्र जैन का सहकारी प्रयास **बारह सपनों का देश** हो या मन्नू-यादव का युगल-प्रयास **एक इंच मुस्कान** हो। इन प्रयोगों में केवल प्रयोग की ध्वनि ही निकल सकी है, इसलिए इनका विशेष महत्त्व नहीं है। उपन्यास की रचना-प्रक्रिया में देश-काल-पात्र के आकलन की प्रायः तीन पद्धतियों का उपयोग होता रहा है। एक के अनुसार वास्तव की उपलब्धि पहले और देश-काल-पात्रों की तसवीरों को बाद में उतारना और गूँथना होता है। शेखर को एक ही रात में सत्य का विज़न मिला था। और उसी रात उसके बाल भी पक जाते हैं। अज्ञेय ने इसके बाद देश-काल-पात्र के चित्रों को जोड़ने की कोशिश की है। जैनेन्द्र भी इस ढंग का कभी-कभी इस्तेमाल करते रहे हैं। **सुनीता** की सृजन-प्रक्रिया में इसे आँका जा सकता है। दूसरी पद्धति के अनुसार वस्तु का चयन पहले और उसके सत्य पर विचार बाद में किया जाता है। **गोदान, मैला आँचल, गिरती दीवारें** आदि में सत्य पर विचार बाद में किया गया है। एक और पद्धति के अनुसार इन दोनों का संयोग साथ-साथ चलता है। डॉ० देवीशंकर अवस्थी ने साठ के बाद की कहानी में जब कहानी के दौरान वास्तव को उजागर करने की बात की थी तो वह इस पद्धति का संकेत दे रहे थे। इसमें आधुनिकता की प्रक्रिया के तीसरे दौर को आँका जा सकता है। इसकी गवाही निर्मल वर्मा के उपन्यास **वे दिन** में मिलती है।

1. रामस्वरूप चतुर्वेदी—नव-लेखन, पृ. 96

इसकी पहचान-परख बाद में की जायेगी। यह हिन्दी-उपन्यास के तीसरे मोड़ की सूचना देता है। इससे पहले **चाँदनी के खँडहर** (1954) में आधुनिकता के उस दौर को आँका जा सकता है जो **नयी कविता** से जुड़ा हुआ है, रोमाण्टिक बोध से छुटकारा पाने की कोशिश में है। उस समय आधुनिकता के बोध को व्यष्टि-समष्टि के माध्यम से उजागर किया जा रहा था और आलोचना भी इसी भाषा के माध्यम से उपन्यास की पहचान-परख में रचना से कदम मिला रही थी। गिरिधर गोपाल ने अपने इस लघु उपन्यास में आधुनिकता के बोध की गवाही इसी धरातल पर दी है। एक मध्यवित्त परिवार के सदस्यों की आर्थिक स्थिति को लेकर इनकी निराशा, कुण्ठा और खोखलेपन का मार्मिक चित्रण इसमें किया गया है। सब माली हालत में फँसकर, रोगों से घिरकर अपनी आस्था तक को खो बैठते हैं। उपन्यास का नायक वसन्त विदेश से लौटकर अपने परिवार के हर व्यक्ति का जब निरीक्षण करता है तब वह पाता है कि बीना का घातक रोग बढ़ गया है, भैया पर पैसों का बोझ इतना भारी हो गया है कि वह टूटकर जीवन से भी उदासीन हो गया है, भाभी की मुस्कान का लोप हो गया है, माँ की ममता सूख गयी है, बाप का मन अस्थिर हो गया है और उसकी प्रेयसी कुन्ती का जीवन भी मुरझा गया है। वह घर के हर व्यक्ति और उसकी हर वस्तु को लौटने के बाद बदला हुआ पाता है और स्वयं को इसका दोषी ठहराता है। इस तरह जमीर की धारा उपन्यास में बहने लगती है। यह सब-कुछ चौबीस घण्टों की अनुभूति का परिणाम है—सुबह छह बजे से लेकर जब वह इलाहाबाद के स्टेशन पर उतरता है और अगली सुबह के छह बजे तक जब वह बिस्तर से उठता है। चाँदनी में उसका घर खँडहर लगता है। इसमें आधुनिकता की प्रक्रिया जो जारी होती है, अन्त में वह ठप होने की गवाही देने लगती है जब आशा के स्वर को ध्वनित किया गया है जो आरोपित लगता है। इस तरह का अन्त युग-बोध का परिणाम था जिसे अनेक कृतियों में सुना जा सकता है। वह चाहे **अन्धा युग** हो या **बूँद और समुद्र**। इस तरह आधुनिकता की प्रक्रिया एक दायरे में चक्कर काटती रह जाती है। यह शायद उस दौर की देन थी। अन्त-बोध के विषम स्वर के अतिरिक्त उपन्यास में अनुभूति की सघनता है। इसे सघनता का आयाम देने में काल की अवधि सहायक सिद्ध होती है। यह उपन्यास की शिल्पगत विशेषता है जो प्रयोगशील होने की साक्षी देती है। उपन्यास में जहाँ वास्तव को उजागर किया गया है वहाँ आधुनिकता का स्वीकार है; परन्तु जहाँ पतझर में बसन्त को आँकने का प्रयास है वहाँ इससे पलायन है। उपन्यासकार की संवेदना आस्थाहीनता से गुज़रकर आरोपित आस्था में बदल जाती है जो लाज़मी अन्त के बजाय अन्त के लाज़मी होने का परिणाम है। उपन्यास के अन्त में चाँदनी के खँडहर उठकर पुराने भवन का रूप

धारण करते हैं। इस तरह की प्रतीक-संकेत-बिम्ब भाषा से आधुनिकता के उस दौर की गवाही मिलती है जो नयी कविता और नयी कहानी में उजागर होती है— कविता में पहले और कहानी में इसके बाद। आधुनिकता से कृति बनती भी है और नहीं भी बनती; लेकिन लेखक जब इसके सामने होकर इससे पीछे हटना चाहता है तो पीछे हटने में कभी-कभी कृति में दरारें पड़ने की सम्भावना बढ़ जाती है। यही कुछ गिरिधर गोपाल के **चांदनी के खंडहर** में हुआ है।

15. अमृतलाल नागर के **बूंद और समुद्र** (1956) के अन्त-बोध से भी इसकी गवाही मिल जाती है। यह उपन्यास भी व्यष्टि और समष्टि, बूंद और समुद्र के आपसी विरोध को शान्त करने के लिए इस तरह के अन्त-बोध का शिकार हो गया है। इसे अनेक दृष्टियों से पहचाना और परखा गया है। एक का मत है कि यह केवल सजीव चित्रों का संकलन है, इन चित्रों में आन्तरिक संगति तो है, परन्तु इनमें आन्तरिक दृष्टि नहीं है।[1] एक और की धारणा है और वह इसके उलट है। इसके अनुसार, उपन्यास में भरती है जिसे काट-छाँट-कर उपन्यास को छोटा किया जा सकता था। डॉ. रामविलास ने उपन्यास पर यह आरोप लगाया है—'अपने विवरणों में वह (नागर) स्पष्ट ही इतना रस लेने लगते हैं कि अकसर आपके जानने की इच्छा से बहुत अधिक बता देते हैं। अगर वह चाहते तो मथुरा, वृन्दावन, बिहार के विवरणों पर, महीपाल के आयु-चिन्तन और बाबा रामजी की बहसों पर थोड़ा अंकुश लगा सकते थे। इससे कथानक कुछ गँठ जाता।'[2] इसका मतलब यह निकला कि उपन्यास में बिखराव का दोष आ गया है और कथावाचक सत्यनारायण या महीपाल की कथा को अधिक तूल दे गया है। एक और मत है कि **बूंद और समुद्र** में जिस समाज को लिया गया है वह बीत चुका है, चुक गया है, वह पेंशन और किराये पर जीता है।[3] इसी तरह राजेन्द्र यादव की यह शिकायत है कि यह समाज मेरा नहीं है, और अश्क का यह शिकवा हो सकता है कि यह मेरा क्यों नहीं है। डॉ. रघुवंश की यह धारणा है कि यह उपन्यास क्लासिक की परम्परा में नहीं आता।[4] इसका मतलब शायद यह है कि इसमें कुछ आने से रह गया है जो इसके स्तर को उठा सकता था। इसके उलट यादव का यह फतवा है कि **गोदान** के बाद यह उपन्यास उत्तर के भारतीय जीवन का दूसरा महाकाव्य है।[5] इन परस्पर विरोधी मतों के अपने-अपने कारण हैं जो आरोपित मूल्यों के परिणाम

1. रामस्वरूप चतुर्वेदी—हिन्दी नव-लेखन, पृ. 100
2. देवीशंकर अवस्थी (सं०)—विवेक के रंग, पृ. 251-52
3. वही, पृ. 256
4. माध्यम, मई 1965
5 बवेक के रंग, पृ. 251

हैं। इसमें किसी को सन्देह नहीं है कि उपन्यास में जीवन का जो चित्रण हुआ है वह कितना सजीव, सटीक, सवाक है, आत्मीय और विश्वसनीय है। वह चाहे ताई हो जो रूढ़िवादिता और मानवीयता का अनूठा मेल है, नन्दी हो जो असंगतियों का पुंज है, महीपाल हो जो विसंगतियों से घिरा हुआ है, सज्जन हो जो महीपाल का पूरक है या जो महीपाल स्वयं बनना चाहता है, शीला स्विग हो जो पश्चिमी और भारतीय नारी का समन्वय है या वनकन्या हो जिसे सामाजिक पंक से कमल का विकास कहा गया है, राजा सर द्वारकादास हो या लाला जानकीसरन जिनमें मध्यकालीन संस्कृति बोलती है और चाहे कर्नल साहब हो जो दूध का धोया हुआ है। नागर ने इन सबके भीतर झाँका है। एक बाबा रामजी हैं जो नागर के भीतर झाँकते हैं और इन पर हावी हो जाते हैं। वह उपन्यासकार को दृष्टि देते हैं, बूंद और समुद्र के रूपक के आधार पर व्यष्टि-समष्टि में सामंजस्य स्थापित करने की प्रेरणा देते हैं। इस तरह नागर ने आधुनिकता की चुनौती का सामना तो किया है, लेकिन इसका समाधान मध्य-कालीन धरातल पर दिया है। यह उसी तरह जिस तरह प्रसाद ने मनु की समस्या का समाधान समरसता या आनन्दवाद में दिया है। इस तरह के समाधानों का आरोपित लगना स्वाभाविक है। सज्जन और महीपाल के बारे में आलोचकों के अपने-अपने मत हैं जिनके मूल में इसकी विभिन्न दृष्टियाँ हैं। महीपाल सज्जन का उलट है, महीपाल और सज्जन एक-दूसरे के पूरक हैं, सज्जन महीपाल का विकसित रूप है, महीपाल और सज्जन लेखक के व्यक्तित्व के दो पहलू हैं— जो है और जो होना चाहता है, महीपाल जीवन को भोगता है और सज्जन इसे सोचता और सुनता है। इस तरह की पहचान-परख सज्जन और महीपाल की सतह को ही छू सकती है, इनके गहरे में नहीं उतर सकती। यह सही है कि **बूंद और समुद्र** में जीवन के उस वास्तव को उजागर किया गया है जो मध्यकालीन और आधुनिक बोध में डोल रहा था। इसकी असंगतियों, विसंगतियों, तनावों और खिचावों को नागर ने अपनी दृष्टि से चित्रित किया है। यदि महीपाल के व्यक्तित्व में असंगतियाँ हैं तो ये व्यक्तित्व का अभिन्न अंग हैं। यदि सज्जन की रचना धारणा के स्तर पर है तो यह लेखक की दृष्टि का परिणाम है। यदि महीपाल ने चोरी की है तो वह अपराध-बोध से घिरकर आत्मघात ही कर सकता है। अगर वह बाबा के पास आ जाता तो वह साधु-सन्त भी बन सकता था। अब वह सज्जन के रूप में आत्मघात नहीं करेगा। शीला स्विग, चित्रा राजदान, सज्जन, वनकन्या— सब अपने-अपने ठौर की खोज में हैं। क्या करें और क्या न करें, कहाँ जायें और कहाँ न जायें से पीड़ित होकर यह पीढ़ी अपना पथ बनाना चाहती है, पुराने सत्य आँखों से ओझल हो रहे हैं। इनकी दुविधा में आधुनिकता की प्रक्रिया जारी है। इस पीढ़ी के

सदस्य अपनी हस्ती से आतंकित हैं, सागर में बूंद के विलीन होने के भय से भीत हैं। इस स्थिति में इस पीढ़ी को बाबा रामजी की बातें आश्वस्त करती हैं, सन्तोष देती हैं, यह आश्वासन और सन्तोष चाहे कितना अस्थिर और अस्थायी क्यों न हो। अगर बाबा सागर में बूंद के महत्त्व का संदेश देते हैं, समूह के निराकार सागर में व्यक्ति के अस्तित्व को डूबने से बचाते हैं तो इसे समझना कठिन नहीं है। इस पीढ़ी को भुलावे में डालने से आधुनिकता की प्रक्रिया ठप हो जाती है। यह सन्देश उपन्यास से निकलता भी नहीं है, इसे निकाला जाता है, इसे उपन्यास पर चिपकाया गया है। अन्त-बोध की दृष्टि से भी आधुनिकता के बोध को अस्वीकारा गया है। क्या स्वाधीनता के बाद राम-राज्य की स्थापना हो चुकी है? अरविन्द की साधना के बाद मानव क्या अति-मानव में बदल गया है? क्या समाजवाद साकार हो चुका है? असल में हर नया सन्देश इन्सान को भुलावे में डालता आया है। इसलिए बाबा का सन्देश भी विनोबा के सन्देश की तरह है। लेखक की सृजन-प्रक्रिया जब थकने लगती है तब वह मथुरा-वृन्दावन घूमने चली जाती है, बाबा के चमत्कारों में उलझने लगती है, संदेश देने के लिए उसी तरह बहकने लगती है जिस तरह आलोचकों की भावन-प्रक्रिया। इस उपन्यास की उपलब्धि को उन अंशों में आँका जा सकता है जो लेखक की संवेदना के परिणाम हैं, जहाँ उनका सृजन क्रियाशील है—ताई में, नन्दी में, बड़ी (मोहिनी) में, महीपाल में, शीला स्विग में, राज, लाल छोटे पात्रों में, इनके चेहरों और मोहरों के हाव-भाव में, इनकी मानसिक स्थितियों के उतार-चढ़ाव में, इनके बोलचाल के लहजों और लटकों में, गली-मुहल्लों के स्थानीय रंगों के चित्रण में, मध्यकालीन बोध पर मीठी चुटकियों में, जहाँ आधुनिकता उजागर होती है। वनकन्या और सज्जन का व्यक्तित्व जब धारणा के स्तर पर उतारा गया है तब वह अपनी विश्वसनीयता को तो खो बैठता है, लेकिन राजेन्द्र यादव की सहानुभूति को पा लेता है। वह इनके व्यक्तित्व के विकास में सम्भावना को आँकते हैं। बाबा रामजी के व्यक्तित्व का साँचा इनसे भिन्न है। वह पहले से पहुँचे हुए हैं, सधुक्कड़ी परम्परा में आते हैं।[1] बाबा की तुलना विनोबा से पहले डॉ. सुषमा धवन और बाद में डॉ. रघुवंश ने की है।[2] यह पूरी तरह उपन्यास में फिट नहीं हो पाता है, इसकी सृजन-प्रक्रिया का अंग नहीं बन सका है, जो मध्यकालीन बोध को आधुनिकता की भाषा में उजागर करने का परिणाम है।

16. इस तरह **बूँद और समुद्र** (1956) में हिन्दी-उपन्यास विस्तृत पट

1. माध्यम, मई 1965
2. सुषमा धवन—हिन्दी उपन्यास, पृ. 79

पर अपना मुहावरा खोजने लगता है और इस खोज का परिणाम अगले उपन्यासों में निकलने लगता है। उदयशंकर भट्ट का उपन्यास **सागर लहरें और मनुष्य** (1956), जिसे आंचलिक उपन्यास का नाम भी दिया गया है और जिसे काव्यात्मक भी कहा जा सकता है, रोमाण्टिक बोध को लिये हुए है। राजेन्द्र यादव के उपन्यास **उखड़े हुए लोग** (1956) का स्वर इससे भिन्न है। इसमें बोध नगर बोध से जुड़ा हुआ है जो आधुनिकता-बोध को उजागर करता है। इसके पात्र अगर अपने परिवेश से पूरी तरह कटे हुए नहीं हैं तो उखड़े हुए अवश्य हैं, अपने को स्थापित करने की यातना में हैं, समझौतों से घिरे हुए हैं, पूँजीवादी विधान में पिसकर भी खड़ा होना चाहते हैं। एक ही व्यक्ति है जो इसका अपवाद है और वह पूँजीपति है—देशबन्धु जो संसद का सदस्य है, अपनी पत्नी और पुत्र से अलग होकर अपनी रखैल मायादेवी और उसकी पुत्री पद्मा के साथ रहता है। वह समाज-सेवा का काम करता है, गीता का पाठ करता है, मिल चलाकर धन कमाता है और नेतागीरी करता है। उसे सन्त भी माना जाता है और नेता भैया के नाम से पुकारा जाता है। उसके व्यक्तित्व को उजागर करने में लेखक अपने समस्त कला-कौशल को लुटा देते हैं। देशबन्धु के आस-पास और लोग भी हैं जो उपन्यासकार के सिद्धान्तों को निरूपित करते हैं। एक सिद्धान्त को लेनिन के शब्दों में व्यक्त किया गया—हैपूंजीवादी समाज में मजदूर, किसान, छोटे-मोटे व्यापारियों की स्त्रियों का जो अपमान होता है उसके विरुद्ध घृणा पैदा करने के लिए लेनिन नें नारा दिया है—'इन पूँजीपतियों के चंगुल से नारियाँ भी नहीं वच पाती हैं।' इस धारणा को उपन्यास का रूप देने की कोशिश की गयी है। इसका परिणाम मायादेवी है जो देशवन्धु की रखैल है, उसकी पुत्री पद्मा है जिसे देशबन्धु के चंगुल से बचने के लिए आत्मघात करना पड़ता है; लेकिन वह बच नहीं पाती है। जया ही, जो शरद की **पत्नी** या सहचरी है, इस चंगुल से बच निकलती है। मायादेवी को इस जीवन की आदत पड़ चुकी है। उसकी चेतना जड़ हो चुकी है। पद्मा की यातना सशक्त रूप में अंकित है। जया का साहस उसके काम आता है। शरद और जया सात ही दिन की अवधि में विषाक्त और दमघोट वातावरण से मुक्ति पाने के लिए वहाँ से दोबारा उखड़ जाते हैं। एक वार पहले जया को लेकर शरद उखड़ा था, देशवन्धु के पास नौकरी के लिए आया था। यह इसलिए कि शरद जया की मैत्री छोटी जगह पर समाज सहन नहीं कर पाता था। इनके अनुसार विवाह दो व्यक्तियों के बीच केवल एक सामाजिक अनुबन्ध है, इसमें पावनता का प्रश्न ही नहीं उठता। इसमें आधुनिकता का बोध धारणा के स्तर पर है जिसे उपन्यास में निरूपित किया गया है। इसमें सूरज के चरित्र का इसलिए समावेश किया गया है कि हड़ताली मज़दूरों का साथ दे सके। उसका सनकीपन अतिरंजित होकर भी साँचे में ढला हुआ नहीं

है। यादव आधुनिकता की चुनौती को संवेदना के स्तर पर उतारने की कोशिश करते हैं और मतवाद को हावी होने से बचा लेते हैं। वह शायद यह कहना चाहते हैं कि आज पर अधिकार यदि देशबन्धु का है तो कल पर इन उखड़े लोगों का हो सकता है। इसका वह ढोल तो नहीं पीटते, लेकिन संकेत अवश्य दे जाते हैं। शरद का खुलकर विरोध करने के बजाय मन में घुटकर रह जाना, सूरज का घुटकर रहने के बजाय अन्त में खुलकर विरोध करना—इन दो परस्पर विरोधी दृष्टियों का परिचय मिल जाता है। इस उपन्यास में कभी-कभी चिन्तन की प्रक्रिया इसकी सृजन-प्रक्रिया पर हावी हो जाती है। इसका कारण यह है कि यादव की रचना-प्रक्रिया दो पाटों में विभाजित है। वह वैयक्तिक अनुभूतियों को जब सामाजिक चिन्तन के चौखटे में फिट करना चाहते हैं तब इनमें मेल नहीं बैठ पाता। इससे सृजन-प्रक्रिया बाधित होने की गवाही देने लगती है। इनके उपन्यास में आधुनिकता का बोध उस दौर का है जब व्यष्टि-समष्टि में होड़ थी। इस उपन्यास और अन्य उपन्यासों की पहचान-परख से इतना स्पष्ट हो जाता है कि लेखकों की सृजन-प्रक्रिया प्रायः खण्डित है, दो पाटों में विभाजित है। इनकी अनुभूति और इनके चिन्तन में पूरा मेल नहीं बैठता। इसलिए इनकी सृजन-प्रक्रिया बार-बार अवरुद्ध होती है। इसीलिए शायद हिन्दी-उपन्यास को अपना पूरा मुहावरा नहीं मिल सका है; लेकिन इसकी खोज जारी रहती है।

17. इस खोज का एक परिणाम **उसका बचपन** (1957) में लक्षित होता है। कृष्ण बलदेव वैद की यह रचना लघु उपन्यास की कोटि में आती है। इस साहित्यिक विधा के बारे में पहले भी कहा जा चुका है कि इसमें कहानी की सघनता और उपन्यास की संरचना होती है। अब लम्बी कहानी का विकास तेजी से होने लगा है। लघु उपन्यास और लम्बी कहानी में आकार-गत अन्तर न होकर विधागत अन्तर है। वस्तु जब कहानी में समा नहीं पाती और उपन्यास के लिए **अधिक घनी** होती है तब इसकी अभिव्यक्ति की विधा दोनों के बीच की होती है जिसे लघु उपन्यास का नाम दिया जाता रहा है। अब लम्बी कहानी ने दखल देना शुरू कर दिया है और संकुलता की स्थिति को पैदा कर दिया है। यदि हिन्दी-उपन्यास या कथा-साहित्य की यात्रा पर दृष्टि डाली जाये तो लगता हैं कि लघु उपन्यास और लम्बी कहानी की विधा पर लेखकों की पकड़ अधिक गहरी है। इसका कारण शायद यह हो सकता है कि वास्तव की जटिलता का या तो भारतीय परिवेश में अभाव यह है या उपन्यास-कार की पकड़ से यह बाहर है। इसके इने-गिने अपवाद भी हैं, लेकिन हिन्दी-उपन्यास को अभी अपना पूरा मुहावरा पाने में प्रायः असफलता का मुँह ताकना पड़ा है। इस मत का विरोध तो हो सकता है; लेकिन इसकी अवहेलना नहीं हो सकती। वैद के इस लघु उपन्यास की विशिष्टता को इसकी चित्र-शैली की

सघनता और दृष्टि की तटस्थता में आँका जा सकता है। एक बालक के बचपन को उसके मुख से उजागर करना किसी भी लेखक के संयम को चुनौती दे सकता है, छोटे मुँह से बड़ी बात को निकालना असंगति को जन्म दे सकता है। वैद ने इस चुनौती को प्राय: कलात्मक स्तर पर स्वीकारा है और प्राय: इसलिए कि उपन्यास के अतिनाटकीय अन्त में इस संयम का बाँध टूट जाता है जो इसके रचाव को भंग तो नहीं करता, लेकिन इसे ठेस अवश्य लगाता है। एक बालक का बचपन राजा-रानी की कहानी सुनने के बजाय पिता की राम-कहानी, माँ की सीता-कहानी और घर के महाभारत की कहानी सुनने में बीत जाता है। अभावों से घिरा एक अभिशप्त परिवार है जिसमें बीरू का जन्म हुआ है। इसके लिए उसे दोषी ठहराना भी अनुचित है। इसी तरह उसे संवेदनशील स्वभाव के लिए दोषी ठहराना असंगत है। एक संवेदनशील बालक को इस परिवार के दमघोट वातावरण में साँस लेनी पड़ती है। इस नरक से परिवार के सभी सदस्य छुटकारा पाना चाहते हैं—दादी, बाबा, माँ, बहन और खुद बीरू। मौत केवल बीरू का साथ देती है, बाकी सब नसीबों के खोटे हैं। बीरू के बचपन और उसके परिवेश का चित्रण सजीव और सशक्त है। इस चित्रण में व्यंग्य का गहरा पुट भी है जो इस रचना को भावुकता की धारा में बहने से बचा लेता है, रोमाण्टिक बोध के विरोध में आधुनिकता का बोध उजागर होने लगता है। तटस्थता की दृष्टि इस बोध को गहराने के काम आती है। इसमें उपन्यास की उपलब्धि झलकने लगती है और लेखन की कलात्मकता रोशन होने लगती है। उपन्यास में टीस, कसक, यातना, यन्त्रणा से भरे और अन्धकार से घिरे बचपन का तटस्थ और आत्मीय चित्रण उपन्यास के भावी की सूचना देता है और भावी इसलिए कि इसका अन्त अतिनाटकीय होने के बजाय शायद अन्तहीन या अनिश्चित होगा। उपन्यास के अन्त-बोध में आधुनिकता की प्रक्रिया बाधित होने के बजाय जारी रहेगी, लेकिन इस उपन्यास में यह बाधित होने की गवाही देती है।

१४. आधुनिकता की चुनौती का एक और दौर में इसके दूसरे पहलू से भी सामना किया गया है जो उपन्यास की वास्तववादी परम्परा से जुड़ा हुआ है, कला के मानवीकरण की विरासत को लिये हुए है। यह मानव की नियति पर बल देने के बजाय मानव की स्थिति को उजागर करता है, मानव की नियति को मानव की स्थिति से जोड़ता है। **उसका बचपन** में जितनी सघनता और तटस्थता है, रांगेय राघव के **कब तक पुकारूँ** (1958) में उतना ही विस्तार और पक्षधरता है और इस पक्षधरता में आधुनिकता का वह पहलू है जिसका इस खेमे में विकास होता रहा है। इसके विस्तार का अनुमान इसके बड़े आकार से नहीं,- इसमें अनावश्यक चित्रण से लगाया जा सकता है जिसके मूल

में वाग्मिता है, जो कला के अमानवीकरण का विरोध करती है और इसे कथा-साहित्य का आवश्यक अंग मानती है। एक आलोचना ने रांगेय राघव पर खत्री के ऐयारी और तिलस्मी उपन्यास के प्रभाव का संकेत दिया है।[1] यह हो सकता है, लेकिन उपन्यासकार का कवि भी इसमें छलकता है और उपन्यासकार पर हावी होने की गवाही देता है। यह स्थिति अन्य उपन्यासों में भी उपलब्ध है—शेखर : एक जीवनी, सागर लहरें और मनुष्य, चित्रलेखा, मैला आँचल, सूरज का सातवाँ घोड़ा—जिनमें उपन्यासकार अपने कवि को खुली छूट देकर उपन्यास पर कविता की लय को आरोपित होने से बचा नहीं पाता। उपन्यास में कविता का निषेध नहीं है; यह तरलता और सूक्ष्मता का संचार करने में सहायता भी दे सकती है, परन्तु स्वतन्त्र रूप में इसका उपयोग उपन्यास की आन्तरिक संगति में विकार भी ला सकता है। इसके अपवाद भी हैं—**यह पथ बन्धु था, वे दिन, सफेद मेमने, लाल टीन की छत**, जिनकी पहचान-परख बाद में की जा सकेगी।[2] रांगेय राघव के इस उपन्यास को आंचलिकता से मण्डित किया गया है। इसका कारण यह है कि **मैला आँचल** (1954) की रचना इससे पहले हो चुकी थी और तब से आंचलिक उपन्यास को मान्यता मिलने लग गयी थी। रांगेय राघव ने बैर नामक गाँव और इसके परिवेश को इस उपन्यास का आधार बनाया है। इस गाँव में और इसके आसपास रहनेवाले लोग नट हैं जो खानाबदोश और जरायमपेशा कहे जाते हैं। इनके जीवन को लेकर उपन्यास की रचना शायद इसलिए की गयी है कि उपेक्षित और शोषित को उजागर किया जा सके। होरी के जीवन पर लेखक की दृष्टि गांधीवादी युग में पड़ी थी जब देहाती परिवेश को आधार बनाया गया था और खानाबदोशों पर स्वाधीनता के बाद दृष्टि पड़ने लगी जब समाजवाद पर बल दिया जाने लगा। आज भी यह परिवेश कायम है जिसका चित्रण उपन्यास में उपलब्ध है। इसका कथा-नायक सुखराम भी कुछ साल पहले जीवित था।[3] इसका शिल्प-विधान उपन्यास की वास्तववादी परम्परा से जुड़ा हुआ है। इसके कथानक की संरचना चार पीढ़ियों के जीवन के आधार पर की गयी है ताकि समाजशास्त्रीय दृष्टि से ऐतिहासिकता का बोध कराया जा सके। इसमें मध्यकालीन जीवन का जो सजीव चित्रण किया गया है वह लेखक की खोज का परिणाम है। रांगेय राघव ने गोरखनाथ के चिन्तन पर शोध का काम भी किया है। इस उपन्यास के केन्द्र में तीन पात्र हैं—सुखराम, प्यारी और कजरी। सुखराम छोटी जात में

1. आलोचना—35।
2. नरेश मेहता, निर्मल वर्मा, मणि मधुकर, निर्मल वर्मा।
3 आलोचना—35।

अपने को बड़ी जात का समझता है। यह उसके जीवन की विडम्बना है। लेखक ने मानवता का संचार करने के लिए इसका व्यक्तित्व बहुमुखी बनाया है। सुखराम-प्यारी के आपसी सम्बन्ध में रोमाण्टिक बोध उजागर होता है। प्यारी भी विसंगतियों का पुंज है। वह सुखराम की पत्नी और दरोगा की भोग्या होने में किसी दुविधा का शिकार नहीं है। वह रुस्तमखाँ की रखैल बनने में पाप-बोध से पीड़ित नहीं है—'नाता जोड़ना और बात है, मन की होकर रहना और बात है।' इन करनटों की रस्मों, रिवाजों, विश्वासों, अन्धविश्वासों, लोक-गीतों और इनकी संस्कृति का सूक्ष्म निरीक्षण परिवेश के चित्रण को सजीव बनाता है। मरघट का जागना, बलि देना, मद्यपान, नटराज के अवतार को पदवी देना, साँप के विष को उतारना, चमारों और करनटों में भेदभाव, बहुपत्नी-प्रथा, प्यारी का अनेक पुरुषों से सम्भोग का उल्लेख कभी स्वतन्त्र है तो कभी उपन्यास की रचना-प्रक्रिया का अभिन्न अंग, कभी लेखक के चिन्तन का परिणाम है और कभी सृजन-प्रक्रिया की परिणति। इसी तरह लेखक की प्रगतिशील विचारधारा कभी उपन्यास का अभिन्न अंग है तो कभी आरोपित। वह अपने जनवादी दृष्टिकोण में आधुनिकता की चुनौती को स्वीकारते हैं—शोषण की घुटन सदैव नहीं रहेगी। वह मिट जायेगी। जहाँ तक रचना-विधान का सवाल है इसमें नाटकीयता उजागर होती है। **कब तक पुकारूँ** का भवन बड़ा विशाल है और इस विशाल भवन में छोटी-छोटी दरारें पहले ओझल होकर बाद में दिखने लगती हैं।

18. यशपाल के **झूठा-सच** (1958-60) में भी, जो दो भागों में विभाजित है, एक विशाल भवन है जिसमें आधुनिकता की चुनौती को इसी धरातल पर स्वीकारा गया है। यह केवल एक उपन्यास ही नहीं, एक जीवन-दृष्टि भी है। इसकी पहचान-परख परस्पर-विरोधी दृष्टियों से होती रही है। यह उपन्यास प्रेमचन्द-परम्परा में आता है और यह क्या है इसे स्पष्ट करना इतना आवश्यक नहीं है जितना यह कहना कि यह सब-कुछ है। यह असल में वास्तव को उजागर करने की एक परम्परा है जो बदलती रही है। यह आधुनिकता के उस पहलू को उजागर करती है जो कला के अमानवीकरण के विरोध में है। इसके बारे में यह भी कहा गया है कि इसमें वास्तव को समाजवादी दृष्टि से उजागर किया गया है। इसमें साधारण को लिया गया है और विराट को दिया गया है। यह विराट क्या है? इसके बारे में मौन धारण करना बेहतर समझा गया है। यह भी कहा गया है कि कुल मिलाकर यह उपन्यास अखबार की कतरनों का बड़ा विशाल संग्रह बनकर रह गया है, जिसमें घटनाओं के बाह्य रूपों का चित्रण है, दृष्टि परिवेश पर अधिक टिकती है और परिवेश में जीनेवाले

व्यक्ति की अन्तरात्मा पर कम।[1] आलोचक इन कतरनों को चुनने और सजाने में लेखक की सावधानी और कुशलता की दाद भी देते हैं। वह यह भी कहने पर मजबूर हो जाते हैं कि उपन्यासकार में राजनीतिक आन्दोलनों को सामाजिक वास्तव के अन्य पक्षों के साथ समेटने की क्षमता है जो इसकी उपलब्धि है।[2] इसके अतिरिक्त वह **झूठा-सच** में केवल विस्तार को आँकते हैं और गहनता के लिए तरसते हैं। यह विस्तार भी बिखरा हुआ है। इस तरह आलोचक के पास दो कसौटियाँ हैं जिनके आधार पर वह इस कृति को परखते हैं। एक कसौटी तो सामाजिक वास्तव या समाजवादी वास्तव की है और दूसरी कला-दृष्टि की। इनमें आपसी विरोध आलोचक के परस्पर-विरोधी मतों के मूल में है। इस उपन्यास के बारे एक और आलोचक जब एक की कसौटी पर इसे परखते हैं तो इसकी गणना हिन्दी की अमर कृतियों में करते हैं। इसमें कथाकार जीवन की अतल गहराइयों में उतरा लगता है।[3] इसमें पट की विशालता है, सामाजिक यथार्थ का मार्मिक अंकन है, असंख्य पात्र हैं, आधुनिक जीवन की गहरी सूझ और अनुभूति है।[4] डॉ. रमेश कुन्तल मेघ **झूठा-सच** को एक उपलब्धि के रूप में तो स्वीकारते हैं, लेकिन यशपाल से इनकी शिकायत यह है कि इनका इतिहास-दर्शन खो गया है, मार्क्सवाद धूमिल पड़ गया है, इसका खुमार उतर गया है। इसलिए यशपाल का मार्क्सवाद, यान्त्रिक था।[5] इसका कारण शायद यह है कि लेखक के बारे में यह धारणा रूढ़ हो चुकी है कि इनका जीवन-बोध मार्क्सवादी है। इन्होंने इसे चरम सत्य के रूप में मानने से इन्कार किया है। यशपाल ने उपन्यास के अन्त में इतिहास-धारा को जोड़कर ऐतिहासिक परिणाम भी निकाले हैं—जैसे पुरी और सूद का पतन, वह चाहे कितना ही आरोपित क्यों न हो। कुँवर नारायण को इस उपन्यास में कवि-दृष्टि का अभाव अखरता है।[6] इस तरह वह उपन्यास की लय पर कविता की लय आरोपित करना चाहते हैं। इस तरह **झूठा-सच** की पहचान और परख में गहरा मतभेद पाया जाता है।

इस स्थिति का विश्लेषण करने के लिए यशपाल की जीवन-दृष्टि और रचना-प्रक्रिया से परिचित होना आवश्यक जान पड़ता है। इनका कथाकार दो भागों में विभाजित है, इनके ऋषि और इनके मुनि में, इनके सृजन और इनके चिन्तन में। मुनि सोचता है और ऋषि सिरजता है। यशपाल का मुनि

1. अधूरे साक्षात्कार—नेमिचन्द्र जैन।
2. वही।
3. प्रकाशचन्द्र गुप्त—हिन्दी वार्षिकी 1960, पृ. 80।
4. वही, आलोचना 27, पृ. 118।
5. आलोचना 27, पृ. 121-22।
6. विवेक के रंग—पृ. 279।

आधुनिकता की चुनौती को स्वीकारता आया है जिसके मूल में युग का बौद्धिक विकास और वैज्ञानिक दृष्टि है। यशपाल के मुनि के लिए आधुनिकता एक प्रक्रिया न होकर एक मूल्य है और मूल्य भी रूढ़ न होकर विकासशील है। इसलिए इनका मुनि कभी सुधारवादी रहा है तो कभी भौतिकवादी, कभी इस पर मार्क्स के चिन्तन का प्रभाव रहा है तो कभी फ्रायड के चिन्तन का। वह शुरू से आधुनिकता की चुनौती को प्रायः धारणा के स्तर पर ही स्वीकारता आया है। इनके ऋषि और मुनि, सृजन और चिन्तन में होड़ लगी रही है। इन्होंने आधुनिकता की चुनौती को वैचारिक स्तर पर स्वीकारा है। इसलिए इनका चिन्तन इनके सृजन पर हावी होने की गवाही देता रहा है। इनका मुनि कभी-कभी जब सो जाता है तो इनके ऋषि को सृजन करने का अवसर मिल जाता है। यह इनकी कहानी-कला के बारे में भी सही है। इनकी अधिकांश कहानियों में इनका मुनि जागता रहता है और कभी-कभी जब वह सो जाता है तो सृजन जारी हो जाता है। कुछ कहानियों के अन्त में इनका मुनि एकदम जाग उठता है और वह सृजन में विकार ला देता है। यही स्थिति झूठा-सच की है। एक आलोचक को यशपाल का मुनि भाता है तो दूसरे को इनका ऋषि सुहाता है। इसलिए इनकी पहचान-परख में गहरा मतभेद पाया जाता है।

यशपाल की दृष्टि में सच क्या है और झूठा क्या है ? उपन्यास में तारा का सोमराज की पत्नी होना झूठा-सच है; यह कानूनी तौर पर सच है और नैतिक दृष्टि से झूठा। इस आधार पर इस कृति का नामकरण भी हुआ है।[1] यह झूठा सच न केवल इस उपन्यास का आधार है, यह उपन्यासकार की जीवन-दृष्टि का मूल सूत्र भी है, इनकी उपन्यास-कला का मूल स्वर भी है। इस तरह ज़मीर की धारा उपन्यास की वास्तववादी परम्परा से जुड़कर आधुनिकता के उस पहलू को उजागर करती है, जो एक शिविर से सम्बद्ध है। इसका स्पष्टीकरण नैयर के इन शब्दों में हो जाता है—'घटना तो सच-झूठ नहीं होती। झूठ या सच तो इसे व्यक्त करने की दृष्टि में या उसे सोद्देश्य बनाने में होता है।'[2] इस बात को समाजशास्त्रीय शब्दावली में इस तरह व्यक्त किया गया है—'इस उपन्यास की झूठ हैं घटनाएँ, जन-जीवन को रोकनेवाली शक्तियाँ और सामन्ती संस्कार। इसका सच है ऐतिहासिक अनुभव, सामाजिक चेतना की प्रगति···। इसके सच हैं मनुष्य तथा समाज के शाश्वत मूल्य, जो देश-काल की सीमा को लाँघ भी जाते हैं।[3] मुझे लगता है कि झूठ और सच की समस्या को इस उपन्यास

1. झूठा-सच : भाग 2, पृ. 701।
2. वही, पृ. 702।
3. आलोचना 27, पृ. 121।

में अधिक शादी और तलाक के माध्यम से और कम पुरी के पतन द्वारा उठाया गया है। प्रेम और विवाह की समस्या से अनेक युगल जुड़े हुए हैं जिनमें तारा-सोमराज, तारा-नाथ, कनक-पुरी, कनक-गिल, शीलो-मोहनलाल, शीलो-रतन, पर्सी-चड्ढा, सीता-अनाम युवक, राजेन्द्र-उषा, कंचन-नरोत्तम, श्यामा-डे, उर्मिला-मोगिया प्रमुख हैं। इन सब युवा-युवतियों को अन्त में विवाह हो जाता है; तारा, कनक, शीलो आदि का दो बार और उषा, कंचन, गिल, नरोत्तम, पर्सी आदि का एक बार। तारा का पति सोमराज अपनी भाभी को ही घर में डाल लेता है। बन्ती अपने पति से तिरस्कृत होकर उसकी दलहीज़ पर ही अपना सिर पटककर मर जाती है। इन युवकों और युवतियों के अतिरिक्त और सम्बन्ध भी उपन्यास में चित्रित हैं, कभी विवाह से पहले तो कभी विवाह के बाद, कभी उथले तो कभी गहरे, कभी सहज तो कभी आरोपित। इन सम्बन्धों के निरूपण में यशपाल ने नारी की स्वतन्त्रता की वकालत की है, हर स्थिति में उसे स्थापित करने की कोशिश है और आधुनिकता की चुनौती का स्वीकार है। यह इस उपन्यास में इसलिए अधिक सम्भव हो सका है कि इसके पात्र वतन से उखड़कर देश में आये हैं, जन्मभूमि से निकलकर मातृभूमि में आये हैं। अपने परिवेश से उखड़कर पेड़ का लगना तो कठिन होता है, लेकिन पौधा लग सकता है। इन पौधों को उपन्यास के दूसरे भाग में लगाया गया है। यशपाल विवाह को एक सामाजिक बन्धन के रूप में स्वीकार नहीं करते, वह उसे एक वैयक्तिक मूल्य के रूप में मान्यता देते हैं। यदि कनक और पुरी के विवाहित जीवन में सार नहीं रहा, तारा और सोमराज के विवाह का आधार नहीं रहा, शीलो और मोहनलाल का गठबन्धन शिथिल पड़ चुका है, तो नारी का यह पूरा अधिकार है कि वह नया सम्बन्ध स्थापित कर सके। इस तरह वह नारी को शोषित मानकर उसकी वकालत करते हैं। इसमें ही सामाजिक न्याय है और यही सच है। यशपाल की दृष्टि में शेष झूठ है। इसका बीज तो उपन्यास के पहले भाग में बोया गया है, कनक-पुरी और तारा-असद के रोमाण्टिक प्रेम में; लेकिन इसकी परिणति इसके दूसरे भाग में इस प्रेम के मोहभंग में होती है, जब कनक गिल के साथ और तारा नाथ के साथ अपना नया सम्बन्ध स्थापित करती हैं। यशपाल के मुनि शादी और तलाक की समस्या को उठाकर अपने सच का निरूपण करना चाहते हैं। वह प्रेमचन्द की तरह तलाक के खिलाफ़ नहीं हैं। प्रेमचन्द की सीमा **गोदान** में मालती-मेहता के आलिंगन से आगे बढ़ नहीं पाती; यशपाल इस सीमा को पार करते हैं और इनकी आधुनिकता अगले दौर की गवाही देने लगती है। यशपाल के मुनि ने राजनीतिक समस्या को भी गौण रूप में उठाया है और इसका समाधान सूद और पुरी के पतन के रूप में दिया है और जनता की शक्ति में निजी विश्वास को डाक्टर नाथ के इन शब्दों में उजागर किया

है—'जनता सदा मूक नहीं रह सकती। देश का भविष्य नेताओं और मन्त्रियों की मुट्ठी में नहीं है, देश की जनता के हाथ में है।'[1] इस तरह **झूठा-सच** का अन्तिम स्वर, जो आरोपित होने के कारण विषम है, राजनीतिक है। लेखक सामाजिक और राजनीतिक परिवेशों को एक-दूसरे में गूंथ नहीं पाते। इनसे जुड़ी घटनाओं की सूचनाएँ देना कहाँ तक कलात्मक दृष्टि से संगत है—यह सवाल बना रहता है। पूंजीवाद के विरोध में आधुनिकता का बोध अवश्य झलकने लगता है। इसी तरह उपन्यास में कहीं अवारशन पर भाषण दिया गया है,[2] कहीं राजनीतिक समस्याओं का विस्तृत निरूपण है, कहीं राजनीतिक नारों का शोर है, कहीं शराब पीने की विधियों का नीरस विवरण है,[3] कहीं दंगों और भीड़ों का विवरण है तो कहीं संस्कारबद्ध औरत के अन्धविश्वासों, टोने-टोटकों, वशीकरण के उपायों के नीरस उल्लेख हैं।[4] उपन्यास में सपाट-शैली की एकरसता व्यंग्य-शैली से टूट भी जाती है। उपन्यास के लम्बे पथ पर चलते-चलते लेखक थक तो जाते हैं; लेकिन भटकते नहीं हैं। वस्तु की दृष्टि से विवाहित और अविवाहित जीवन की समस्याएँ उपन्यास की धुरी हैं, कथानक की दृष्टि से संयोगात्मक घटनाओं की भरमार है। विवाहित जीवन की उलझनें पाठक के मन को झकझोरती हैं और घटनाओं के आकस्मिक मोड़ इसे झटका देते हैं। यशपाल का पाठक के हृदय पर तो अगाध विश्वास है; लेकिन इनकी बुद्धि में आस्था नहीं है। इसलिए वह संकेत के बजाय विस्तार से काम लेते हैं और दोहराने से भी कतराते नहीं हैं।[5] कथा-साहित्य से सम्बोधन को पूरी तरह निकाला तो नहीं जा सकता; लेकिन अधिक कहने से अधिक कहा नहीं जा सकता। इसमें वह परम्परा का पालन करने की गवाही देते हैं, बार-बार दखल देने से बाज़ नहीं आते। अनेक पात्रों के मिलने-बिछुड़ने में आकस्मिक घटनाओं का जाल-सा बुना गया है जो कभी-कभी अस्वाभाविक भी लगती हैं। यह जाल नियतिवाद का परिणाम न होकर उद्देश्य को पूरा करने की विवशता का परिणाम है। **सच** का मण्डन और **झूठ** का खण्डन करने के लिए यशपाल अतिशयता और अतिरंजना का उपयोग करने से परहेज नहीं करते। इनका मुनि इनके ऋषि पर प्रायः हावी रहता है और वह अपनी बात कहने के लिए या साध्य की सिद्धि के लिए हर साधन को ठीक समझता है। कभी वह अपनी बात नरोत्तम के मुख से, कभी गिल के, कभी गिरधारीलाल के, कभी असद के तो कभी नाथ

1. झूठा-सच : भाग 2, पृ. 709।
2. वही, पृ. 394-395।
3. वही, पृ. 216।
4. वही, पृ. 305।
5. झूठा-सच, पृ. 667।

के मुख से कहने के लिए तैयार रहता है। नरोत्तम सरकारी नीति की कड़ी आलोचना करता है[1] और डॉ. नाथ देश के भविष्य को जनता के हाथ में देने की बात करता है।[2] कनक के व्यक्तित्व का अधिकांश संवेदना या मानवीय धरातल पर चित्रित न होकर धारणा या वैचारिक स्तर पर अंकित है। उसकी निडरता, स्वच्छन्दता, विद्रोहशीलता और दृढ़ता अपनी सीमा से बाहर होकर सच-निरूपण के काम आती है। इसके विपरीत तारा को जिन अमानवीय स्थितियों से गुज़ारा गया है, जिन यातनाओं और यन्त्रणाओं को उसे सहन करना पड़ा है, वे अपनी असाधारणता और अमानवीयता में विश्वसनीय लगती हैं। **इस तरह कनक मुनि-कन्या लगती है और तारा ऋषि-कन्या।** आधुनिक मुनि और आधुनिक ऋषि की कन्याएँ अस्वस्थ हैं—कनक अपनी सेक्स-भावना से त्रस्त है और तारा अपने गुप्त रोग से ग्रस्त। वह इतने उदार हैं कि वह तारा के गुप्त रोग, कनक की पति से उदासीनता और सीता की उच्छृंखलता तक को सहानुभूति से आंकते हैं और इस तरह जड़-नैतिकता के विरोध में आधुनिकता को उजागर करते हैं। वह पुरी के व्यक्तित्व का विरोध भी शायद इसलिए करते हैं कि उसके संस्कार पुराने पड़ चुके हैं। उसके चरित्र-चित्रण में लेखक समाज-शास्त्र और मानसशास्त्र दोनों के चिन्तन से सहायता लेते हैं। पुरी के बारे में गिल का कथन है—'वह अब बँटवारे के पहले का बेठौर नहीं रहा है। अब वह कुछ पूंजी वाले की भाँति सोचता है। अब उसे सब ओर अवसर की कमी और व्यवस्था में विषमता नहीं दिखाई देती। उसे अब परिवर्तन और न्याय की नयी धारणाओं की आवश्यकता नहीं जान पड़ती। उसकी जड़ें जम रही हैं। अब वह उलट-पुलट के विचारों से घबराता है।[3] पुरी के चरित्र को परिस्थितियों के दास के रूप में अंकित किया गया है। वह किस तरह धन की अमोघ शक्ति से पराजित होकर पतनशील हो जाता है, इसका विशद चित्रण उपन्यास में उपलब्ध है।[4] इस विश्लेषण में समाजशास्त्रीय चिन्तन है और पुरी के सेक्स-जीवन के विश्लेषण में मनोविज्ञान के चिन्तन का। उसकी कनक से विरक्ति और उर्मिला में आसक्ति का विवेचन मनोविश्लेषण के धरातल पर किया गया है। इस तरह यशपाल आधुनिकता के उस दौर की गवाही देते हैं जब दोनों के चिन्तन का गहरा असर लेखकों की जीवन-दृष्टि पर पड़ रहा था। पुरी की हीन-भावना का संकेत भी बार-बार दिया गया है, लेकिन उसकी अपराध-भावना का एक बार। अपराध-बोध उर्मिला के पेट में पुरी की सन्तान होने का परिणाम

1. वही, पृ. 651।
2. वही, पृ. 709।
3. झूठा-सच : भाग 2, पृ. 532।
4. वही, पृ. 304।

है। यौन-दृष्टि से कनक उससे सबल है। वह उसे सन्तोष नहीं दे पाता, उसका अपमान ही कर सकता है। इसलिए भी वह कनक को पीड़ित करता है। इस तरह का विश्लेषण मनोविज्ञान के चिन्तन की देन है। पुरी का व्यक्तित्व सरल न होकर जटिल है, विसंगतियों का पुंज है और लेखक की सहानुभूति से वंचित रह जाता है। इनकी सहानुभूति या तो नारी से है जो शोषित है या साम्यवादी पुरुष से है जो विचारों में उदार है। उपन्यास में सब नारियों का विवाह सम्पन्न हो जाता है। इनमें हर तरह की नारी है जिनका विवाह भारतीय समाज में अगर असम्भव नहीं तो कठिन अवश्य है। यशपाल इनके विवाह को सुगम बनाने में आधुनिकता के उस दौर का परिचय देते हैं जो सामाजिक रूढ़ियों के विरोध में है, जड़ संस्कारों के खिलाफ है। इसमें सुधारवाद की इतनी गन्ध नहीं है जितनी मानवीयता की। उर्मिला विधवा है और विधवा होने के बाद मोंगिया से अपने विवाह से पुरी की सन्तान को लिये हुए है। विधवा-विवाह तो सुधारवाद का नतीजा है; लेकिन यशपाल इससे आगे बढ़ते हैं। कनक तलाकशुदा है और उसकी एक सन्तान भी है। तारा विवाहित है और उसका सतीपन दंगों में लुट चुका है, सीता ने घाट-घाट का पानी पिया है, शीलो अपने पति को छोड़कर बिना विवाह किये अपने प्रेमी के यहाँ बसने लगती है। श्यामा सामाजिक दृष्टि से लांछित है। बन्ती एक अपवाद है। इस तरह हर तरह की नारी को समाज में फिर से स्थापित किया गया है जो आधुनिकता के पहले दौर में सम्भव न था। लेखक को पुरुष के विवाह की चिन्ता नहीं है—पुरी अकेला रह जाता है, माथुर का विवाह भी नहीं हो पाता। पुरुष और भी हैं जिनका उपन्यास में विवाह नहीं हो पाता। इस तरह यशपाल ने आधुनिकता की चुनौती को नारी के विवाह के माध्यम से धारणा के स्तर पर उठाया है।

इस उद्देश्य को पूरा करने के लिए हर तरह के साधनों को अपनाया गया है। इनमें एक साधन, जिसका संकेत दिया गया है, घटनाओं को आकस्मिक और अस्वाभाविक मोड़ देने में है। यशपाल पवित्रता के अहंकार को तोड़ते हैं, सतीपन की धारणा को फोड़ते हैं, जड़ मूल्यों का विरोध करते हैं। इसलिए अगर वह उपन्यास की आन्तरिक संगति या कलात्मक रचाव की अधिक परवाह नहीं करते हैं तो यह इनके उद्देश्य का परिणाम है। अपने-आपमें कथानक का बिखराव कलात्मक दोष नहीं कहा जा सकता, रचना का अभाव भी रचना का रूप हो सकता है; लेकिन **झूठा-सच** का बिखराव अखरता है, घटनाओं के संयोजन और पात्रों के चरित्र-चित्रण में अतिरंजना कभी-कभी खटकती है। यह सही है कि यशपाल के ऋषि इनके मुनि के अधीन अवश्य हैं, लेकिन वह अपनी स्वाधीनता को नितान्त खोते भी नहीं हैं। जब इनके मुनि सोचते-सोचते थक जाते हैं और आराम करने लगते हैं तब इनके ऋषि को सृजन करने का अवसर मिल जाता है।

उपन्यास में इस तरह के अवसरों की कमी भी नहीं है। इनके ऋषि की पंजाब के जीवन से गहरी आत्मीयता है। वह शायद इसलिए कि वैदिक ऋचाओं की सृष्टि भी पंजाब की धरती पर हुई थी। पुरानी पीढ़ी की औरतों के रूढ़िगत सस्कारों के व्यंग्यात्मक चित्रण में लेखक की दृष्टि झलकती है। कहीं-कहीं पंजाबी टप्पों के उदाहरण और बोलचाल की भाषा से आंचलिकता की गन्ध निकलती है। स्थानीय रंग को गहराने के लिए गालियों से भी काम लिया गया है।[1] उपन्यास के छोटे पात्रों में ऋषि की सृष्टि और बड़े पात्रों में मुनि की रचना है। व्यक्ति से राजनीति की ओर बार-बार मुड़ना लेखक की विवशता है; मानवीय भूमि से राजनीतिक धरातल पर उतरना उपन्यास की रीति है। इनके व्यंग्य नीरसता को तोड़ते हैं। व्यंग्य कहीं उक्ति का है, कहीं स्थिति का। उक्तिमूलक व्यंग्य—कनक से पुरी का विवाह सम्पन्न होना उसी तरह है जिस तरह कबूतरी को कौआ उड़ाकर ले जाये।[2] स्थिति का व्यंग्य—पुरी का नैनीताल के किसी बढ़िया होटल में ठहरने का चित्रण जिसमें उसकी हीन-भावना झलकती है।

जहाँ तक देश के विभाजन की घटना के दृश्यों और परिणामों का सम्बन्ध है, इनमें जीवन की पशुता का रूप ही उभरा है। कहीं-कहीं इसके मानवीय रूप की भी गवाही मिलती है। अनेक दृश्य और असंख्य लोग उपन्यास के पट को विशाल बनाते हैं। उपन्यासकार को दोहराना शायद इसलिए पड़ा है कि पाठक कथा के सूत्रों को पकड़ सकें। परिवेश के चित्रण में लेखक की पैनी दृष्टि, गहरी पकड़ और सम्पन्न कल्पना का परिचय मिलता है। इस घटना को यशपाल ने स्वयं नहीं भोगा है। उपन्यास में कहीं लाशें बिखरी पड़ी हैं जिन पर गिद्ध मँडरा रहे हैं, कहीं असह्य बोझ से लदी रेलगाड़ियाँ हैं जिनके इंजन धुएँ के बादल छोड़कर चलने से इन्कार करते हैं, कहीं उखड़े मुसलमानों के काफिले हैं तो कहीं हिन्दुओं के सार्थ हैं, कहीं मजहबी नारों की गूंज है तो कहीं आग की लपटें हैं, कहीं उजड़ी जनता की पुकारें हैं तो कहीं अपमानित नारियों की चीखें हैं, कहीं भीड़ों का बोध है तो कहीं सूनेपन का, कहीं नेताओं के सन्देश तो कहीं सुधारकों के उपदेश। उपन्यास एक असाधारण घटना की कहानी है, एक भूचाल की कहानी है, मानवता में छिपी पाशविकता की गाथा है। उपन्यास के दोनों खण्डों की सृजनात्मक दृष्टि से तुलना करते हुए सभी आलोचकों ने पहले खण्ड के जीवन-चित्रों में अधिक मार्मिकता और संश्लिष्टता को आँका है। यह शायद इसलिए कि पहले भाग में झूठ का जाल है और दूसरे में इसकी काट। और जाल बुनने में सृजन की सम्भावना अधिक होती है, झूठ बोलने में भी कला की अपेक्षा अधिक होती है। यह भी हो सकता है कि पहले खण्ड में ऐतिहासिक घटना का

1. झूठा-सच, भाग 2, पृ. 200।
2. आलोचना 27, पृ. 125।

चढ़ाव और दूसरे में इसके उतार के कारण पहले खण्ड के चित्र और दृश्य अधिक सजीव और सशक्त लगे हैं।[1] इस परिवेश में यशपाल ने आधुनिकता की चुनौती को सामाजिक और राजनैतिक धरातलों पर स्वीकारा है। सामाजिक स्तर पर वह इसे शादी-तलाक के माध्यम से स्वीकारते हैं और राजनैतिक स्तर पर सूद-पुरी के उदय और अस्त के माध्यम से। वह सामाजिक पट पर न केवल बदलते सम्बन्धों को अंकित करते हैं, इनका पोषण भी करते हैं। इसी तरह राजनीतिक धरातल पर वह पूँजीवादी शक्तियों के पतन का संकेत देकर भावी को इंगित करते हैं। इस तरह देश की स्वाधीनता के पहले और बाद आधुनिकता का जो दौर आ रहा था उसे विशाल पट पर उजागर किया गया है।

19. अधिकांश उपन्यासों में आधुनिकता का बोध नगर-बोध से जुड़ा हुआ है, नगरीकरण की प्रक्रिया से जुड़ा हुआ है। इसकी प्रक्रिया भारतीय परिवेश में या जीवन में इतने गहरे में अभी नहीं धँसी है जितनी अमरीका या योरुप के परिवेश में। इसलिए इन्सान के परिवेश से कट जाने की समस्या या अपने से कट जाने की समस्या, विजातीयता की समस्या जितने गहरे स्तर पर इन देशों में है उतनी भारत के नगर-जीवन में नहीं है। इसलिए आधुनिकता भी संवेदना के धरातल पर इतनी नहीं है जितनी धारणा के धरातल पर है। विजातीयता की समस्या भी पूँजीवादी समाज तक सीमित न होकर समाजवादी समाज में भी उठ रही है। यह नगरीकरण की प्रक्रिया का परिणाम है, मशीन-युग की देन है। आधुनिकता का बोध रोमाण्टिक बोध का विरोध उसी तरह करता है जिस तरह रोमाण्टिक बोध ने मध्यकालीन बोध का विरोध किया है। आज वास्तव और जीवन-वास्तव इतना जटिल हो रहा है कि पकड़ में नहीं आ रहा है। उपन्यास इसे पकड़ने की कोशिश में खुद बदलने की गवाही दे रहा है। हिन्दी-उपन्यास कितना बदला है या बदल रहा है इसे उजागर करने के लिए कुछ उपन्यासों को आधार बनाना पड़ा है। अज्ञेय का तीसरा उपन्यास **अपने-अपने अजनबी** (1961) इस दिशा में एक छोटा कदम उठाने की तरह है। इसकी पहचान-परख अनेक दृष्टियों से हो चुकी है। इसका स्वर **झूठा-सच** से नितान्त भिन्न है। आधुनिकता की चुनौती को कभी मानव-स्थिति के आधार पर स्वीकारा गया है तो कभी मानव-नियति के आधार पर। स्थिति को नियति से अलगाना कहाँ तक संगत है—यह एक बड़ा सवाल है जिसकी बहस में पड़ना अपनी राह से भटकना होगा। **अपने-अपने अजनबी** में आधुनिकता मानव-नियति को लिये हुए है। इसमें मौत का सामना है, इसे पहचानने की कोशिश है; लेकिन जिन्दगी और मौत के बारे में चिन्तन काफी बदल रहा है। पहले जीवन को वास्तव या असली माना जाता रहा है और मृत्यु को अवास्तव या नकली। यह मध्यकालीन बोध का परिणाम था। इसे अलग-

1. आलोचना 27।

अलग तरह कहने की कोशिश होती रही है– मरने के बाद दूसरा जन्म है, कयामत के दिन कब्रों से उठना है, नींद के बाद जागना है, पुराना चोला बदलना है। आज मृत्यु वास्तव का बोध देने लगी है और इसलिए विसंगत होने का। इस दृष्टि के मूल में आधुनिकता की चुनौती है। **अपने-अपने अजनबी** में जीवन को मृत्यु के माध्यम से पहचानने की कोशिश है—साँस की बाधा ही जीवन-बोध है। इसमें अस्तित्ववादी चिन्तन के एक पहलू की झलक है; लेकिन उपन्यास को अस्तित्ववादी नाम देना कहाँ तक संगत है—यह दूसरा सवाल है। उपन्यास कभी वादी नहीं होता। यह उपन्यास अज्ञेय की रचना-प्रक्रिया में आधुनिकता के उस दौर को सूचित करता है जब इनकी कृतियों में आधुनिकता का अस्वीकार झलकने लगता है, जब वह कविता की तीसरी नाव में सवार होकर **नव-रहस्य-वाद** की संवेदना को उजागर करने लगते हैं। इस उपन्यास में जगन्नाथन इसका माध्यम बनता है। यह पात्र अस्तित्ववाद के आस्तिक पहलू का भी संकेत देता है, इसे भारतीय आस्तिक-बोध के साँचे में ढालने की कोशिश की गयी है। अन्य पात्र विदेशी हैं—योके और सेल्मा; लेकिन यह पात्र भारतीय है। मौत के बोध का सामना करने के लिए इसे सामने रखा गया है। पहले खण्ड में बुढ़िया सेल्मा मौत के माध्यम से जीवन की सार्थकता सिद्ध करना चाहती है। उसकी देह से मौत की गन्ध इस कदर फैल जाती है कि उससे उबरने का तरीका सामने नहीं आता। योके ने युद्ध के आतंक से घिरकर आत्मघात कर लिया है। पहले दो खण्डों में आधुनिकता का स्वीकार है; लेकिन आखिरी खण्ड में मौत से उबरने में इसका अस्वीकार है। इस उपन्यास में जिस भाषा का उपयोग किया गया है वह अस्तित्ववादी चिन्तन की देन है—स्वतन्त्रता का वरण, विसंगति, मृत्यु-बोध। अन्त में योके ज़िन्दगी का कैंसर मान लेती है। यह समझकर वह आत्मघात कर लेती है, उसने स्वतन्त्रता का वरण कर लिया है। एक आलोचक की दृष्टि में यह उपन्यास अज्ञेय की उपन्यास-कला में एक नया मोड़ लेता है। इसमें मौत को सृजनात्मक चुनौती के रूप में पेश किया गया है। इसमें पूरब और पच्छिम का तनाव है, पूरब पर पच्छिम का दबाव है। वह भारतीय और पाश्चात्य काल-बोध में अन्तर को इस तरह स्पष्ट करते हैं—भारतीय काल-बोध गोलाकार या चक्रान्तशील है और पाश्चात्य काल-बोध रेखात्मक या लकीरी है। इसलिए इसमें मृत्यु-बोध अधिक गहरा है।[1] **अपने-अपने अजनबी** संरचना की दृष्टि से चाहे कितना कमज़ोर बन गया हो, लेकिन मृत्यु के साक्षात्कार में आधुनिकता का बोध उजागर होता है। इसका स्वीकार उसी तरह है जिस तरह इनकी कुछ कविताओं में है जो इनके काव्य के दूसरे दौर की हैं। पहले दौर की

1. **अज्ञेय और आधुनिक रचना की समस्या—रामस्वरूप चतुर्वेदी**, 115-17।

कविताओं में रोमाण्टिक बोध का अवशेष है, दूसरे में आधुनिकता का स्वीकार है और तीसरे में इसका अस्वीकार नव-रहस्यवादी बोध में झलकने लगता है। इसलिए अज्ञेय जब यह पूछते हैं कि कितनी नावों में कितनी बार तो इनकी भाषा में यह जवाब दिया जा सकता है—तीन नावों में बार-बार। और बार-बार इस-लिए कहना पड़ता है कि हर दौर में हर दौर की गवाही मिलती है।

20. मोहन राकेश का **अँधेरे बन्द कमरे** (1961) उनका पहला उपन्यास है जो अगर उपलब्धि नहीं तो सम्भावना अवश्य है, उपन्यास के मुहावरे को खोजने की कोशिश है। इसका परिचय देते हुए उपन्यासकार ने तीन प्रश्नों को उठाया है और इनका उत्तर पाठकों पर छोड़ दिया है। क्या यह उपन्यास दिल्ली के जीवन का रेखाचित्र है? क्या यह पत्रकार मधुसूदन की आत्मकथा है? क्या यह पत्नी-पति, हरबंस-नीलिमा की आपसी टकराहट की कहानी है? यह तीनों हो सकते हैं; लेकिन इसकी तह में कुछ और भी है। क्या इसकी तह में उगते नगर-बोध को पकड़ने की कोशिश नहीं है जो आधुनिक-बोध का परिणाम है? यह सही है कि उपन्यास की रीढ़ पति-पत्नी के जीवन में तनाव और खिचाव के सूक्ष्म निरीक्षण और काव्यात्मक चित्रण में उपलब्ध है; लेकिन यह इसकी सीमा नहीं है। राकेश के हर नायक के चेहरे पर तनाव की लकीरें हैं। वह चाहे हरबंस हो या कालिदास, नन्द हो या महेन्द्रनाथ (आधे-अधूरे)। उसका घर टूट चुका है। उसका व्यक्तित्व घर की खोज में है और व्यक्तित्व की खोज घर में है। उपन्यास में महानगरी है और महानगरी में मानवीय सम्बन्धों के टूटने की स्थिति है, अकेलेपन का बोध है। राकेश किसी तरह अपनी इस मूल अनुभूति को उजागर करने की यातना में है कि किसी तरह ने इस उपन्यास को सम्भावना बना दिया है। एक आलोचक ने इस बात को अपने अन्दाज़ में कहने की कोशिश की है—यह उपन्यास प्रेम का बैठक-कमरा है जो सड़क पर है या जो एक सड़क में परिणत होता है। अस्तित्ववादी मुहावरे का सहारा लेकर इनका कहना है—प्रेम करते हैं और पहले से अधिक अकेले हो जाते हैं; प्रेम करते हैं और पहले से अधिक अपरिचित हो जाते हैं; प्रेम करते हैं और पाते हैं कि प्रेम नहीं करते थे। अधिकांश लोग यह खोज भी नहीं कर पाते। आन्तरिक भाषा के अभाव में आलोचक ने इस प्रेम को सह-अस्तित्व का अभिशाप कहा है, नीलिमा और हरबंस इसके शिकार हैं।[1] इस अकेलेपन की अनुभूति को परिस्थिति में आँकने के बजाय स्थिति में आँका गया है। इसलिए यह स्थिति परिस्थिति पर हावी हो जाती है। यह लेखक-पाठक के एक संवाद से स्पष्ट हो जाता है।[2] नीलिमा और हरबंस

1. श्रीकान्त वर्मा, कृति, अंक 8-11।
2. मोहन राकेश—सुधा अरोड़ा, ज्ञानोदय, जुलाई 1965।

एक अँधेरे बन्द कमरे में रहने के इतने आदी हो चुके हैं कि रिश्तों के बाहर एक खुले और नामहीन सम्बन्ध की बात वे सोच ही नहीं सकते। सोचना चाहें तो कमरे की दीवारें टूटती हैं। हरबंस और नीलिमा की ज़िन्दगी एक स्थिति है जिसे बहुतेरे जी रहे हैं। वे छटपटाकर रह जाते हैं, इससे उबर नहीं पाते।[1] इन शब्दों में उपन्यास के उद्देश्य को स्पष्ट करने की कोशिश की गयी है। अथ से लेकर इति तक इस उपन्यास के पात्रों के जीवन में तनाव बना रहता है। इस स्थिति की स्थिति में आधुनिकता का बोध उजागर होता है; लेकिन आधुनिकता का स्वीकार अधूरा है। पति-पत्नी या हरबंस-नीलिमा का एक-दूसरे से कट जाने में नगर-बोध का परिवेश है। इसमें अनुभूति की धारा खुलने का आभास देती है, लेकिन कस्साबपुरा के अन्त में आधुनिकता की प्रक्रिया जारी होकर ठप हो जाती है। जहाँ तक तनाव की स्थिति बनी रहती है वहाँ तक आधुनिकता की चुनौती का स्वीकार है, परन्तु जहाँ मधुसूदन के जीवन में इससे उबरने के संकेत हैं वहाँ समस्या के उथले समाधान में आधुनिकता से विमुखता है। इसी तरह मधुसूदन को सुषमा श्रीवास्तव को बिना फोन किये कस्साबपुरा पहुँचाने में अनुभूति की धारा को बन्द कर आधुनिकता को अस्वीकारा गया है। इसलिए शायद श्रीकान्त ने मधुसूदन के व्यक्तित्व को सतही और उथला कहा है, एक पत्रकार का कहा है जो सतह पर तैरता रहता है, गहरे में नहीं उतर पाता। उसकी कुण्ठा असली नहीं लगती। मधुसूदन के बारे में लेखक की अपनी धारणा है कि वह सजग और सचेत है; वह ज़िन्दगी से टूटा हुआ है; उसका जीवन अभिशप्त है, वह जीवन में संगति खोजना चाहता है, उसे ज़िन्दगी के टुकड़े मिलते हैं, हर टुकड़ा कहीं से टूटा हुआ है या जंग खाया हुआ है। वह अन्दर और बाहर से पथराया हुआ है। वह तटस्थ नहीं हो पाता। इसलिए वह लगातार भटकता और छटपटाता है।[2] यह लेखक की मधुसूदन के बारे में अपनी राय है जो उपन्यास में साकार होने से रह सकती है। यह आलोचक को इसलिए अखरती है कि रचना में मधुसूदन काग़ज़ का आदमी लगता है, जो विचारधारा को जीता है।[3] इसलिए शायद वह सुषमा को छोड़कर चला जाता है, सुषमा अपने रीतेपन को भरने के लिए उसे अपना साधन बनाना चाहती है। असल में राकेश का नायक घर की खोज में अपने व्यक्तित्व को खोजता रहा है और व्यक्तित्व की खोज में घर को खोजता रहा है। इस उपन्यास में कस्साबपुरा में घर की खोज तो है; लेकिन यह सतही है। सुषमा में अकेलापन

1. मोहन राकेश—सुधा अरोड़ा, ज्ञानोदय, जुलाई 1965।
2. ज्ञानोदय—जुलाई 1965।
3. कृति, 8-11।

है, नीलिमा और हरबंस में रीतापन है। अन्य पात्र भी इस बोध से घिरे हुए हैं। यह नगर-बोध का परिणाम है। इसे भरने की कोशिश में आधुनिकता के बोध का वह दौर उजागर होता है जो नयी कविता और नयी कहानी का है जिसमें आज रोमाण्टिक बोध को आँका गया है। लेखक अकेलेपन को मानव की नियति मानने से इन्कार करता है। मनुष्य मशीन-युग में एक पुरजा बनता जा रहा है। इसलिए अकेलेपन का बोध गहराता जा रहा है। मधुसूदन निम्मा और सुषमा के माध्यम से इस रीतेपन को भरने का स्वाँग भरता है। यह मानव की नियति और स्थिति बनती जा रही है जिसका सामना नीलिमा और हरबंस को करना पड़ता है, नीलिमा को दूसरी बार घर लौटकर करना पड़ता है। सुषमा में आधुनिकता का स्वीकार है। इसलिए शायद उसका व्यक्तित्व सजीव रूप में उभरा है। वह आधुनिकता की चुनौती को स्वीकारती है, नीलिमा-हरबंस इससे समझौता करते हैं और मधुसूदन इससे पलायन करता है। इस पलायन का परिणाम उपन्यास के आरोपित अन्त में झलकता है जब मधुसूदन को कस्साबपुरा में लाकर उसका निम्मा से गठबन्धन कराया जाता है। इस तरह स्थिति को बदलने से मानव की नियति को बदलने का उपचार या निदान दिया गया है।

इसे देने के लिए मधुसूदन को आस्थावान और आशावान साँचे में ढालना भी उपन्यासकार की विवशता है, आधुनिकता के उस दौर की देन है। यदि जीवन को जिया नहीं गया तो इसे जीने का स्वांग अवश्य भरा गया है। यदि उपन्यास में रेखाचित्र अधिक उभरे हैं, यदि इसमें धुंध के गोले हैं जिन्हें हटाने की शक्ति मधुसूदन में नहीं है, यदि शुक्ला का सुरजीत के साथ विवाह एक आलोचक को इसलिए अखरता है कि सुरजीत के दो विवाह पहले हो चुके हैं, यदि ठकुराइन का मुख्य कथा से जोड़ा जाना एक और आलोचक को खटकता है तो इन सबके मूल में उपन्यासकार की जीवन-दृष्टि है जो जीवन में संगति की **खोज** से बाहर निकलकर उसकी **उपलब्धि** में सन्तोष की साँस लेना चाहती है। इस उपलब्धि में आधुनिकता की प्रक्रिया अवरुद्ध हो जाती है और उपन्यास के अन्त-बोध में इसकी सीमा रोशन हो जाती है। इस दृष्टि से **अँधेरे बन्द कमरे** उपन्यास की सम्भावना बनकर रह जाता है। यदि समस्त जीवन अँधेरे बन्द कमरों में सिमटा रहता तो यह शायद उपन्यास का रूप धारण कर लेता; परन्तु यह उपन्यास की राह से गुज़रता न होता और इसकी पहचान-परख आरोपित दृष्टि का परिणाम हो जाती। इस उपन्यास में सृजन-प्रक्रिया नीलिमा और हरबंस में तनाव को उजागर करने में क्रियाशील है। इन दोनों के अलग-अलग व्यक्तित्व हैं, अलग-अलग स्वभाव हैं, अलग-अलग जीवन-बोध हैं। इसे लेखक ने इस तरह स्पष्ट किया है—'वे एक घेरे में दो विपरीत दिशाओं में घूमते नक्षत्र थे जो न उस घेरे से निकल सकते थे और न ही अपनी दिशा बदल सकते

थे। यदि ये नक्षत्र दो विपरीत दिशाओं में घूमते थे तो इनकी बार-बार टकराहट कैसे होती है इसे या तो लेखक जानते हैं या मधुसूदन। इनकी तनाव की स्थिति के बारे में यह कहा गया है कि हरबंस का व्यक्तित्व मूल्यों के साँचे में ढला हुआ है और नीलिमा का सफलता पाने के साँचे में। इनके लिए एक-दूसरे को सिखाना और बदलना असम्भव है। असल में हरबंस अज्ञेय के शेखर की तरह सब-कुछ पाना तो जानता है, लेकिन कुछ देना नहीं जानता। वह शेखर का जेबी संस्करण जान पड़ता है। वह समझा जाना तो जानता है, लेकिन समझना नहीं जानता। यह पुरुष और नारी में एक-दूसरे पर अधिकार पाने की दौड़ है। यह कहना कि हरबंस को नीलिमा से उतनी चिढ़ नहीं है जितनी उसकी राह से है, स्वयं को भुलावे में डालना है। क्या नीलिमा अपनी राह से भिन्न है? यह कहना भी उतना ही असंगत है कि हरबंस और नीलिमा का जीवन इतना भारी न होता अगर वे एक-दूसरे के मित्र बनकर रहते और पति-पत्नी न होते। क्या पति-पत्नी में मित्रता का अभाव होता है? हरबंस अहंवादी है और नारी पर पूरा अधिकार चाहता है; लेकिन वह शेखी मूल्यों की बघारता है। नीलिमा का आन्तरिक द्वन्द्व वास्तविक है और वह इसे समझती भी है। वह बन्धनों से घिरकर रहना नहीं चाहती, लेकिन अन्त में उसे यह स्थिति स्वीकारनी पड़ती है। एक-दूसरे के कारण दोनों जो होना चाहते हैं वह हो नहीं पाते। अपनी-अपनी सीमाओं को पहचानने के बजाय वे एक-दूसरे को दोषी ठहराते हैं। नीलिमा नृत्य-कला में पारंगत न हो सकी और हरबंस साहित्यकार न बन सका। इस तरह असफलता का मुँह ताकने के लिए दोनों विवश हैं। इनके पास एक-दूसरे को चोंच मारने या काटने के सिवाय और चारा ही क्या है। इस तरह शायद पहली बार हिन्दी-उपन्यास में विवाहित जीवन की अर्थहीनता का सजीव और सशक्त चित्रण हुआ है। एक आलोचक ने यह शिकायत की है कि उपन्यास में समस्याओं का समाधान नहीं दिया गया है, विवाहित जीवन की विफलताओं का हल नहीं दिया गया है। शुक्ला किस तरह सुरजीत के साथ जीवन बिता सकेगी? मधुसूदन शुक्ला से अलग होकर किस तरह ठकुराइन की लड़की निम्मा के साथ सुखी हो सकता है? इन सवालों का जवाब तो नहीं दिया गया है; लेकिन लेखक मधुसूदन को निम्मा के पास पहुँचाकर एक बड़े सवाल का जवाब देकर आधुनिकता की प्रक्रिया को जारी होने से रोक देते हैं और अन्त-बोध से आधुनिकता की चुनौती को अस्वीकारने की गवाही देते हैं। यदि उपन्यासकार इन सब प्रश्नों का उत्तर देने की कोशिश करते तो रचना में अधिक दरारों के पड़ जाने की सम्भावना थी। मधुसूदन को कस्साबपुरा शायद इसलिए ले जाना पड़ा है कि वहाँ महानगर के जीवन की जटिलता के बजाय देहाती जीवन की सरलता और मानवीयता का संचार ठकुराइन के

परिवार में हो रहा है। आज इसमें रोमाण्टिक बोध को आँका जा सकता है। यह न केवल उपन्यास के अन्त को आरोपित बनाता है, इसकी आन्तरिक संगति को भी तोड़ता है। उपन्यास में और स्थल भी हैं जहाँ इसकी आन्तरिक संगति टूटने का आभास देती है। इन स्थलों में कला, संस्कृति आदि पर कॉफी-हाउस के उथले वाद-विवाद हैं, राजधानी में विदेशी दूतावासों के भड़कीले समारोह हैं, विदेश-यात्रा के चमकीले विवरण हैं जिन्हें अनावश्यक विस्तार दिया गया है, जो एक आलोचक को रेखाचित्र और बायस्कोप की झाँकियों का आभास देते हैं। एक दूसरे आलोचक को ये इसलिए नहीं अखरते कि इनका चित्रण काव्यात्मक है और कविता की धारा में वहकर उसका नदी को भूल जाना स्वाभाविक है। उपन्यास में कविता का निषेध नहीं है, उपन्यास का काव्यात्मक होना भी निषिद्ध नहीं है; लेकिन कविता की लय को उपन्यास की लय पर लादना असंगत है। इसी तरह यह कहना भी कि इनका चित्रण यदि संयम में होता, इसलिए बेकार है कि यह अपनी आवाज़ को उपन्यास पर लादने के समान है। इसी तरह महानगरी में **व्यक्तिगत सुख** की होड़ का विरोध करने में उपन्यास के कलात्मक रचाव को ठेस लगती है। वास्तव में राकेश ने अपनी कहानी-कला और नाटक-कला की मिली-जुली विधा को उपन्यास में आज़माया है। इसलिए उपन्यास में कथात्मक और नाट्यात्मक अंश तो सशक्त हो जाते हैं; लेकिन पूरे उपन्यास को इनसे ठेस पहुँचती है। इस उपन्यास की वास्तविक शक्ति का परिचय उन संवादों में मिलता है जो हरबंस-नीलिमा के आपसी तनाव को उजागर करते हैं। अन्य पात्रों की उलझनों और कुण्ठाओं की अभिव्यक्ति में इसकी साक्षी मिल जाती है। हरबंस-शुक्ला, मधुसूदन-शुक्ला, ऊना-नीलिमा, मधुसूदन-सुषमा के आपसी सम्बन्ध आधुनिक जीवन की जटिलता को उजागर करते हैं। इनकी मानसिक स्थितियों को उघाड़ने में राकेश ने भाषा को नये मोड़ दिये हैं, शहरी जीवन की घुटन को अभिव्यक्ति देने में शब्दजाल की खूब काट-छाँट की है। इसमें मानव-सम्बन्धों को उजागर करने में लेखक ने आधुनिकता की चुनौती का सामना किया है। इनकी आधुनिकता का बोध कला के मानवीकरण से जुड़ा हुआ है, मानवीयता को निरूपित करने के पहलू को उजागर करता है, आधुनिकता के उस दौर को सूचित करता है जो नयी कहानी के दौर का है। इस तरह हर उपन्यासकार ने आधुनिकता को निजी परिवेश में स्वीकारा है या नकारा है और निजी स्तर पर इसे अभिव्यक्ति दी है।

21. नरेश मेहता भी अपने उपन्यास **यह पथ बन्धु था** (1962) में आधुनिकता की संवेदना को निजी धरातल पर स्वीकारते हैं और कभी-कभी नकारने की भी गवाही देते हैं। एक आलोचक तभी इस उपन्यास की पहचान-परख करते हुए इसे छायावादी काल के राजनीतिक और सामाजिक परिवेश में

व्यक्ति-मन के आकलन का नाम देते हैं, इसमें छायावादी बोध को आँकते हैं।[1] इसका कारण यह बताया गया है कि कथा-नायक श्रीधर का मौन और उसकी पत्नी सरस्वती की सहनशीलता जो उपन्यास के अधिकांश को घेरे हुए है, छायावादी बोध का परिणाम है। इस मत के विरोध में यह भी कहा गया है कि इस उपन्यास में अकेलेपन और अपने ही घर में परायेपन का बोध, जो इसका मूल स्वर है, आधुनिकता की संवेदना को उजागर करता है। श्रीधर एक लम्बी अवधि के बाद जब जेल से छूटकर घर लौटता है तो वह अपने ही घर में स्वयं को फालतू और अजनबी महसूस करता है। इतनी लम्बी अवधि में सब-कुछ बदल चुका है। उसके घर का बटवारा हो चुका है, माता और पिता दोनों चल बसे हैं, सरस्वती आखिरी साँसें ले रही है, दोनों लड़कियों के विवाह हो चुके हैं। एक पंगु होकर माँ के पास है। उसकी मौत के बाद वह भी नाना के घर चली जाती है और श्रीधर इस टूटे घर में अकेला और अजनबी बनकर रह जाता है। यदि उपन्यास के मूल स्वर को इसमें सुना जाता है तो इसे छायावादी दृष्टि की देन कहना कठिन हो जाता है। क्या मौन वेदना, जीवन को चुपचाप झेलना महादेवी के गीति-काव्य की संवेदना है? इस पर प्रश्न-चिह्न लग सकता है। क्या भारतीय परिवेश में आधुनिकता के बोध को पाश्चात्य आधुनिकता की कसौटी पर परखना सही है? क्या कामू की **विद्रोहशील आधुनिकता** एकमात्र कसौटी है? यदि आधुनिकता एक मूल्य न होकर एक प्रक्रिया है तो हिन्दी-उपन्यास में इसकी पहचान-परख भारतीय परिवेश में करना अधिक संगत जान पड़ता है। **यह पथ बन्धु था** में आधुनिकता का बोध उषा प्रियम्वदा की कहानी **वापसी** के दौर का है। आधुनिकता के बोध से कृति भी नहीं बनती है, यह इसे अतिरिक्त महत्त्व दे सकता है। एक आलोचक ने इसका मूल्यांकन **अनुभूति और अभिव्यक्ति की कलात्मक अन्विति** के रूप में किया है,[2] एक और आलोचक ने इसे **छायावादी दृष्टिकोण से व्यक्ति-मन का आकलन** कहा है।[3] इन दोनों धारणाओं में एकांगिता है। पहली में इसलिए कि कलात्मक अन्विति का उपन्यास में कहीं-कहीं भंग हो जाता है और दूसरी में इसलिए कि आलोचक अस्तित्ववाद के आधार पर इसकी पहचान-परख करने लगते हैं और आधुनिकता के बोध का इसमें नकार पाते हैं। इस तरह एक की दृष्टि शिल्पगत है और दूसरे की समाजशास्त्रीय जो आरोपित मूल्यों के आधार पर इस उपन्यास का मूल्यांकन करती है। यह ठीक है कि उपन्यास में बहुत कम दरारें हैं और यह भी ठीक है कि इसमें आधुनिकता

1. **आलोचना**-35, पृ. 17
2. **माध्यम—अगस्त** 1964
3. **आलोचना**—35

का बोध सन साठ के पहले का है, बाद के दौर का नहीं जो कहानी में आने लगा था, जिसकी तरफ देवीशंकर अवस्थी ने कहानी के दौरान वास्तव को पकड़ने का इशारा किया था। हिन्दी-उपन्यास अपने मुहावरे की जिस खोज में है वह विफल नहीं सिद्ध हो रही है। नरेश मेहता के इस उपन्यास को हिन्दी के इने-गिने उपन्यासों में स्थान मिल सकता है। इसमें वैयक्तिक और साधारण जीवन का चित्रण जिस संवेदनशील, संयत और आत्मीय रूप में हुआ है, वह पहले बहुत कम हुआ है। श्रीधर का जीवन अपने परिवेश से जुड़ा हुआ भी है और कटा हुआ भी; वह बाहर से कटा हुआ परन्तु भीतर से जुड़ा हुआ है। इसलिए उसके व्यक्तित्व की रचना कलात्मक होने की गवाही देती है। लेखक ने उस दौर की आधुनिकता को न तो मनोविज्ञान के धरातल पर स्वीकारा है और न ही समाज-शास्त्र के स्तर पर। वह इसे धारणा के स्तर पर नहीं, संवेदना के स्तर पर स्वीकारते हैं। वह आधुनिकता के उस पहलू को उजागर करते हैं जो मानवीय स्थिति से जुड़ा हुआ है। पात्रों की सृष्टि मानवीय रूप में उपलब्ध है—वह चाहे श्रीधर हो या उसके माता-पिता, सरस्वती हो या इन्द्र जिसकी आलोचना दीदीवाद के आधार पर की गयी है और जिसमें आज रोमाण्टिक बोध को आंका जा सकता है। यह उसी तरह जिस तरह जैनेन्द्र की नारी की आलोचना भाभी-वाद की दृष्टि से की जाती है। यदि श्रीधर निरीह है, उसमें आत्मविश्वास की कमी है या सहनशीलता का अतिरेक है; यदि उसके जीवन में सम्बन्धहीन सम्बन्ध है और वह स्वयं को अकेला और पराया महसूस करता है तो यह सब-कुछ उसके व्यक्तित्व का अभिन्न अंग है। श्रीधर ऐसा क्यों है? इस तरह के प्रश्न का क्या उत्तर दिया जा सकता है? श्रीधर, सरस्वती और इनकी लड़की गुणी जीवित होकर अजीवित हैं, यदि स्थिति का स्वीकार ही इनकी नियति है तो यह कहना बेकार है कि ऐसा क्यों है और वैसा क्यों नहीं है। क्या नरेश मेहता इस घनी अनुभूति को कलात्मक रूप दे सके हैं? उपन्यास की पहचान-परख के लिए इसका जवाब देना अधिक संगत है। इसका सीधा जवाब यह है कि उपन्यासका अधिकांश इस कसौटी पर खरा उतरता है और अधिकांश इसलिए कि कलात्मक रचाव को कहीं-कहीं ठेस भी लगी है। सबसे गहरी ठेस उपन्यास के अन्त को लगी है जहाँ भावुकता में बहकर लेखक मानव के इतिहास को श्रीधर से निरूपित करने लगते हैं और कहते हैं कि युद्ध ही मानव-जाति का इतिहास रहा है। श्रीधर ने पहले भी इतिहास लिखा था जिसका दण्ड वह आजीवन भोगता रहा है, जेल में बन्द रहा है। वह उसी कोने में बैठकर मानव-जाति का नया इतिहास लिखने की सोचता है।[1] यह अन्त उपन्यास के भीतर

1. यह पथबन्धु था—पृ. 594

से नहीं निकलता है, उस पर आरोपित है, उस पर चिपकाया गया है, पूरी संरचना में इसकी संगति नहीं बैठती। इस अन्त-बोध में आधुनिकता की प्रक्रिया भी ठप हो जाती है। इस तरह का समापन हिन्दी-उपन्यास को कमज़ोर बनाता रहा है। उपन्यास के कलात्मक रचाव को दूसरी ठेस तब लगती है जब बिशन मालिनी की कथा सुनाता है। उपन्यास में मुड़-मुड़कर पीछे देखने की पद्धति इसकी शिल्पगत विशेषता है, परन्तु मालिनी की कथा अनावश्यक विस्तार पाकर अखरने लगती है। एक आलोचक ने इसमें ऐतिहासिक घटनाओं के बारे में काल-सम्बन्धी भूलों का संकेत दिया है, कुछ भाषा-सम्बन्धी भूलों को भी गिनवाया है जो दूरबीन का परिणाम न होकर खुर्दबीन का है।[1] नरेश मेहता की भाषा में कविता की लटके हैं जो कभी-कभी जीवन की अछूती परतों को इस तरह छू जाती हैं कि भाषा-शैली की सघनता और तीव्रता में विकास आने लगता है, अव्यक्त उदासी व्यक्त होने लगती है।[2] जहाँ बँगला के मुहावरे को हिन्दी के मुहावरे पर लादने की कोशिश है, वहाँ भाषा में शिथिलता आ जाती है। उपन्यास पर जब यह आरोप लगाया जाता है कि यह खण्ड-चित्रों का समूह है तो यह इसलिए असंगत जान पड़ता है कि इन खण्ड-चित्रों में जो आन्तरिक संगति है उसे पकड़ा नहीं गया है। यह आन्तरिक संगति उस संवेदना में है जो श्रीधर और उसके परिवेश को जोड़ने में सफल है। नरेश मेहता ने इस जीवन को स्मृति के धरातल पर पकड़ा है और स्मृति में बिखराव बहुत कम आने दिया है। इस तरह आधुनिक हिन्दी-उपन्यास जीवन को यदि स्मृति में पकड़ सका है तो यह अपना मुहावरा खोज रहा है और मुहावरा पाकर वह जीवन को इतिहास में पकड़कर आधुनिकता के गहरे में भी उतर सकता है।

22. उपेन्द्रनाथ अश्क ने भी **शहर में घूमता आईना** (1963) में जीवन को या **गिरती दीवारें** के चेतन को स्मृति में पकड़ने की कोशिश की है। इस स्मृति में इतिहास का थोड़ा पुट भी दिया गया है। इस उपन्यास में चेतन वह आइना है जो जालंधर शहर में घूमता है और उसके जीवन-खण्डों में बारह घण्टों की अवधि बिम्बित करता चलता है। इस उपन्यास पर यह आरोप लगाया गया है कि यह उपन्यास न होकर कहानियों का संकलन-मात्र है।[3] इसमें आन्तरिक संगति का अभाव है। एक बात साफ़ है कि अश्क ने यह आइना अपने हाथ में पकड़ा हुआ है और **गिरती दीवारें** में यह जितना साफ था इस उपन्यास में उतना साफ़ नहीं रहा, कहीं-कहीं इस पर धब्बे अवश्य पड़ गये हैं। यह कहना अनुचित

1. माध्यम, अगस्त, पृ. 88
2. यह पथबन्धु था—पृ. 46
3. माध्यम, दिसम्बर 1964, पृ. 80

होगा कि आइना टूट गया है और उपन्यास खण्डित या खण्डचित्रों का संकलन-मात्र है। अश्क को सदा यह शिकायत मसोसती रही है कि आलोचक इनके उपन्यास की मूल बात पकड़ने से रह जाते हैं, पाठक इसमें छिपे राज़ को समझ नहीं पाते हैं। इनका कहना है कि एक बार पढ़ने से यह सम्भव नहीं हो पाता।[1] यह इसी तरह है जिस तरह लेखक के एक बार लिखने से यह संभव नहीं हो पाता। डॉ. बच्चन सिंह ने ठीक ही कहा है कि आलोचक का सम्बन्ध कृति से होता है, कृति के भीतर निकली बात से होता है, न कि कृतिकार के मन की बात से जो उसके मन में रह जाती है।[2] अश्क इस उपन्यास में क्या कहना चाहते हैं—इसमें इतना वज़न नहीं है जितना इसमें कि उपन्यास क्या कहता है। चेतन का जीवन दो कुण्ठाओं से घिरा हुआ है—एक सैक्स की, दूसरी धन के अभाव की। इस सम्बन्ध में लेखक का कथन है—'वह तो चाहता था कहीं ऐसी जगह जाये जहाँ उसका मन नीला के विरह, अपनी पीड़ा, अमीचन्द की डिप्टी-कलक्टरी और उसके कारण अपनी हीनता के अहसास को एकदम भूल जाये।' यह चेतन की समस्या है। वह इसे हल करने के लिए घर से निकल पड़ता है और जालंधर की बस्तियों, गलियों और सड़कों की गश्त लगाने में व्यस्त हो जाता है। इस भटकन के बारह घण्टों में वह बहुत-कुछ पाता है, बहुत-कुछ खोता भी है। उसके खोने और पाने में जालंधर शहर कथा-नायक बन जाता है। यह शहर पूँजीवादी संस्कृति की मान्यताओं से धड़कने लगता है। अश्क चेतन के तरकश से जड़ मान्यताओं और सामाजिक रूढ़ियों पर अपने व्यंग्य-बाण तब तक छोड़ते रहते हैं जब तक तरकश खाली नहीं हो जाता। इनमें आधुनिकता का वह दौर उभरता है जो पूँजीवादी विधान के विरोध में है। चेतन शाम को अपनी पत्नी की गोद में लौट आता है जो उसकी दिन-भर की तपन को शान्त करती है। गिरिधर गोपाल ने जिस तरह **चाँदनी के खँडहर** में बारह घण्टों के भीतर चित्रों को अंकित किया है, अश्क ने उसी तरह घर के बाहर दृश्यों को चित्रित किया है। वह बद्दा से मिलता है जो जड़ व्यक्ति है, रामदित्ता से जो सनकी है, चाचा से जो पागल है, दीनानाथ से जो नीम-हकीम है, जालंधरी योगी से जिसके बिना शहर ही अधूरा है। इसी तरह हुनर साहब, गोविन्दराम, लाला अमरनाथ, मणिराम आदि पात्रों का कारवाँ है जो चेतन के सामने से गुज़रता है। इस कारवाँ में एक मुसाफिर दूसरे से मेल नहीं खाता, एक दृश्य दूसरे के समान नहीं है। वह चाहे किसी दूकान का हो या गली का, अड्डे का हो या चौराहे का। हर व्यक्ति इतना पात्र नहीं है जितना रेखाचित्र जिसे उतारने

1. माध्यम, दिसम्बर 1964, पृ. 71
2 वही

में लेखक की व्यंग्य-दृष्टि काम आती है। चेतन हर व्यक्ति को झेलता है और हर दृश्य को जीता है। उसमें किसी से जूझने की शक्ति नहीं है। इसलिए वह एक आइना है जिसमें जालंधर के समस्त जीवन के बिम्ब पड़ते हैं। इस उपन्यास के ताने-बाने में चेतन को इतना नहीं बुना गया है जितना जालंधर को, जो चेतन से बड़ा हो गया है, जिसके बिना चेतन की हस्ती ही नहीं है। यह कहना कठिन है कि बद्दा उपन्यास से अधिक कटा हुआ है या रामदित्ता, हकीम दीनानाथ इससे अधिक जुड़े हुए हैं या योगी जालंधरी। सब पात्र जालंधर के अभिन्न अंग हैं और चेतन पर यह शहर हावी है। इस शहर की चेतना के अनेक स्तर हैं जिनका चित्रण प्राय: सजीव है और प्राय: इसीलिए यह कभी-कभी विवरणात्मक भी है। इसलिए उपन्यास में चित्र भी हैं और फोटो-चित्र भी। इसमें न तो कथ्य की नवीनता है और न ही कथन की, और मात्र नवीनता भी किसी कृति को परखने की एकमात्र कसौटी नहीं होती। यह कहना भी कठिन है कि इस उपन्यास का चेतन **गिरती दीवारें** का चेतन है। उसका नाम तो पुराना है, लेकिन रूप थोड़ा बदला हुआ है। चेतन उपन्यासकार की आयु के अनुरूप बदला है। इसका पहला रूप जीवन को भोगने की देन है, दूसरा भोगे हुए जीवन की स्मृति का परिणाम है। इसे स्मृतिबद्ध करने के लिए अश्क ने कथन-शैली को थोड़ा बदला है, जीवन-वास्तव को उजागर करने का ढंग व्यंग्यात्मक है। व्यंग्य में भी आक्रोश कम है, विनोद अधिक है, रोष कम है और चुटकी लेना अधिक है। अपनी साली को खोकर चेतन जालंधर को पा लेता है। इस नायक-विहीन उपन्यास में आधुनिकता की चुनौती को व्यक्तिमूलक दृष्टि से स्वीकारा गया है।

23. इस तरह हिन्दी-उपन्यास कभी पुरानी लकीर को पीटता आया है तो कभी नयी तस्वीर खींचता आया है। निर्मल वर्मा का **वे दिन** (1964) नयी लकीर खींचकर इस विकास-यात्रा में नया मोड़ लेता है, एक नयी संवेदना को उजागर करता है जो आधुनिकता-बोध का परिणाम है। यदि **गोदान** को हिन्दी-उपन्यास का पहला मोड़ मान लिया जाये तो **शेखर** इसका दूसरा मोड़ है और **वे दिन** इसका तीसरा मोड़ होने की गवाही देता है। पहले में आधुनिकता की शुरुआत है, दूसरे में इसका एक सीमित दायरे में विकास और तीसरे में यह गहरे में धँस जाती है—संवेदना और कथन-शैली दोनों दृष्टियों से। इसके बारे में यह कहा जा सकता है कि इसमें उपन्यास की गरिमा नहीं है, कथानक नहीं है, उद्देश्य का अभाव है, बिखराव ही बिखराव है। इसमें कविता की लय है, चित्र-कला और संगीत-कला की शैली है। इसलिए किस आधार पर या किस मुँह से इसे उपन्यास कहा जा सकता है। यह उपन्यास के पुराने ढाँचे को तोड़ता है, अन्त को अन्तहीन बना डालता है। इसका सृजन मात्र संवेदना के धरातल पर किया गया लगता है जिसके अनेक स्तर हैं—उथले भी और गहरे भी।

इसके मूल स्वर के बारे में मतभेद हो सकता है। इसका कारण यह है कि यह अनेक संकेत दे जाता है। इस उपन्यास को लम्बी कहानी का नाम देना उचित समझा गया है; लेकिन इस धारणा से सहमत होना इसलिए कठिन है कि इसमें एक से अधिक अन्वितियाँ हैं। आज लघु उपन्यास और लम्बी कहानी में अन्तर मिटने की गवाही दे रहा है। यदि इसे लघु उपन्यास कहा जाये तो इसमें अनुभूति की सघनता इतनी नहीं जितनी इसकी तरलता है। इतना सही है कि **वे दिन**[1] उपन्यास और कहानी के पुराने चौखटे को तोड़ता है। इस तरह यह उपन्यास एक नये मोड़ को सूचित करता है। इसकी काव्यात्मक भाषा भी कुछ आलोचकों को अखरती है। इसके अभारतीय परिवेश से भी कुछ आलोचक चिढ़ते हैं, लेकिन यह उपन्यास उसी तरह है जिस तरह भारतीय परिवेश को लेकर अंग्रेज़ी में लिखा गया उपन्यास उसी भाषा का माना जाता है।

जहाँ तक **वे दिन** की मूल संवेदना का सवाल है, इसके बारे में मतभेद पाया जाता है। क्या अकेलेपन का बोध इसका मूल स्वर है? यह अनुभूति घनी और व्यापक है। उपन्यास में रायना भी अकेली है, उसका पति भी, उसका पुत्र भी, फ्रांज़ भी, मारिया भी, मैं भी और टी-टी भी। इसके मूल स्वर को विजातीयता की अनुभूति में भी सुना गया है। यह विजातीयता या परिवेश से, अपने से कट जाना दूसरे महायुद्ध का परिणाम है। इस परिस्थिति में अतीत के बारे में सोचना बेकार है। महायुद्ध ने जीवन को अस्तव्यस्त कर दिया है। एक आयु के बाद घर लौटना भी नहीं हो सकता, उसकी याद चाहे कितना ही तंग करती हो। युद्ध की छाया समस्त उपन्यास पर मँडराती रहती है।[2] क्या महायुद्ध की भयंकरता इसका मूल स्वर है? क्या जीवन की व्यर्थता का बोध इसकी मूल संवेदना है जो पात्रों की रग-रग में संचार कर रही है? रायना, टी-टी, फ्रांज, मारिया सबके जीवन में एक खास तरह का रीतापन है, उदासी, उदासीनता, भावहीनता और तटस्थता है।[3] मारिया फ्रांज़ की मित्र है। उसे मित्र के साथ जाने के लिए वीज़ा नहीं मिल रहा है। इनकी उदासीनता और विवशता उस नियति का स्वीकार है जिसके संकेत लेखक बार-बार अपनी कहानियों में देते हैं।[4] इस उपन्यास का हर पात्र दूसरे के लिए एक अँधेरा है।[5] उपन्यासकार के लिए यह जटिल समस्या है कि मानव की नियति क्या है, उसे कहाँ जाना है, वह कहाँ से आया है! इस तरह निर्मल वर्मा आधुनिकता के

1 वे दिन, पृ. 103
2. वही, पृ. 93, 124, 135, 152, 160, 190
3. वही, पृ. 136
4. परिन्दे, लन्दन की एक रात।
5. वे दिन, पृ. 194

बोध को मानव-नियति पर बल देने में उजागर करते हैं। वह आधुनिकता के उस खेमे से जुड़ जाते हैं जो वास्तव को मानव-स्थिति के बजाय मानव-नियति में पकड़ते हैं या उजागर करते हैं। मानव-नियति की पहचान-परख में इसकी मूल संवेदना को आँका जा सकता है। रायना को कहाँ जाना है? वह इधर से उधर भटक रही है। मारिया को मालूम है कि उसका मित्र फ्रांज़ बर्लिन जा रहा है। वह दो दिन पहले जाता है या बाद में—इससे अन्तर नहीं पड़ता। इस दृष्टि में शीत तटस्थता है जो आधुनिकता के बोध को गहराती है। मौत की मँडराती छाया में इसकी मूल संवेदना को भी आँका गया है। यह स्वर उपन्यास में अनेक बार सुनने को मिलता है। क्या मानव की नियति मरण में है?[1] ज़िन्दगी और मौत के बारे में आधुनिकता के बोध ने दृष्टि बदल दी है। ज़िन्दगी के बाद? यह सवाल बार-बार उठता है जिसका जवाब उस पगली चाह में है जो जीने के लिए मजबूर करती है। क्या इस तरह मृत्यु-बोध महायुद्ध का परिणाम है जो जीवन को बेकार साबित कर देता है? उपन्यास में किसी को किसी की आवश्यकता नहीं है। फ्रांज़ को मारिया की भी ज़रूरत नहीं है।[2] रायना अपने पति से अलग रहती है। उसका गहरा अनुभव यह है कि किसी चीज़ को पूरी तरह खोया नहीं जा सकता और न ही उसे पूरी तरह पाया जा सकता है। इतना कुछ जो उपन्यास में उजागर होता है वह कथन-मात्र नहीं है। यह इसके ताने-बाने में बुना गया है, इसकी संवेदना अन्तरंग है, अभिन्न अंग है। इसमें पात्रों के लिए क्षण में ही सब-कुछ है। इस दृष्टि में भी आधुनिकता झलकती है। मैं और रायना तनाव की स्थिति में हैं, रात-भर मरघट में घूमते हैं, एक-दूसरे से बचने के लिए, उस चाह से बचने के लिए जो दोनों को विवश कर सकती है। रायना प्राग से वापिस जा रही है। उसकी चाह अधूरी है। उसका पुत्र, जो उसके साथ है, सब-कुछ जानता है। रायना लापरवाह है और लापरवाही जीवन की सतह पर जीने के लिए सहारा देती है। वह अपने भीतर से अलग होकर सतह पर ही रह सकती है। उसका जीवन परिवेश से कट गया है। वह एक बार घर से बाहर आकर घर में लौट नहीं सकती। वह प्रेम करने के भी योग्य नहीं रही। वह जगह-जगह निरावरण होती है, मैं के साथ सोने के लिए विवश है। इसका कारण यह है कि वह अधिक दिन अकेली नहीं रह सकती।[3] यह उसकी नियति और विवशता है। वह तटस्थ है, क्षण के सुख को पाकर वह फिर तटस्थ हो जाती है। उपन्यास

1. वे दिन, पृ. 88
2. वही, पृ. 65
3. वही, पृ. 204

में रायना का यह जीवन है जो न तो सुख का है और न ही दुख का। यह गीता का बोध न होकर आधुनिकता का बोध है। इस तरह की तटस्थता में अनासक्ति-योग नहीं है। इसके गहरे में आधुनिकता को जीने और झेलने का परिणाम है। इस मूल स्वर का मात्र संकेत दिया गया है। यदि मात्र संकेत से इस मूल स्वर को सुना नहीं जाता तो फिर उपन्यास की सतह पर बीयर की झाग है और झाग में शराब की गन्ध है। इस सतह के नीचे सेक्स की परत है जिसमें इस संवेदना को आँका जा सकता है। इसके अधिक गहरे में उतरना हो तो यहाँ युद्ध की भयंकरता है और इसके परिणामों में इसके मूल स्वर को सुना जा सकता है। यहाँ अकेलेपन का बोध है और इसके साथ जुड़ा हुआ व्यर्थता का बोध है। इस परत के नीचे जीवन की विवशता है जो मानव की नियति है। इस नियति को उजागर करने में आधुनिकता का बोध है। रायना के लिए **ये दिन** प्राग नगर के हैं और **वे दिन** पति के साथ थे जो अब भी उसके जीवन में व्याप्त हैं।

यदि किसी बात को बार-बार दोहराना ही कवि की मूल संवेदना को पहचानने का आधार मान लिया जाये तो निश्चित रूप से बीयर की बोतलों में इसके मूल स्वर को सुनना पड़ेगा। कुछ आलोचकों ने इसे सुना भी है। इनके अनुसार यह उपन्यास मयखाना बन गया है। असल में लेखक तो रायना और अन्य पात्रों की विवशता के माध्यम से मानव की नियति पर प्रश्नचिह्न लगाकर उसे छोड़ देते हैं, सवाल का जवाब देना लाज़मी नहीं समझते। यह इनकी सृजन-प्रक्रिया की विशिष्टता है। यह आवश्यक नहीं है कि उपन्यास का वास्तव बाहर के वास्तव से पूरी तरह मेल खाये। लेखक के अनुसार यह वास्तव या अनुभव चरम स्थिति का होता है, औसत जीवन पीछे छूट जाता है। यह एक विकट तथा दुखद स्थिति होती है।[1] **वे दिन** में रायना की इस चरम और विकट स्थिति को अभिव्यक्ति तब मिलती है जब वह यह कहती है कि वह अधिक दिन अकेली नहीं रह सकती। यह उसके जीवन की विवशता और नियति है। निर्मल वर्मा लेखक की प्रतिबद्धता में विश्वास नहीं रखते। लेखक का अपने लिए लिखना उसकी असामाजिकता नहीं है, उसकी विवशता है। इस उपन्यास या किसी अन्य उपन्यास के बारे में यह कहना कि इसमें उपन्यास कम और कविता अधिक है और इसलिए यह उपन्यास ही नहीं है, संगत नहीं जान पड़ता। यदि नाटक काव्यात्मक हो सकता है तो उपन्यास काव्यात्मक क्यों नहीं हो सकता? इसकी पहचान-परख तो समूची संरचना के धरातल पर की जा सकती है। **वे दिन** में काव्यात्मक अंश इसकी आन्तरिक संगति को तोड़ने के

1 सृजन-प्रक्रिया, कल्पना, अंक 150

बजाय इसे जोड़ते हैं। इसमें अकेलेपन का जो बोध है वह मध्यकालीन और छायावादी अकेलेपन के बोध से भिन्न है। मध्यकालीन बोध के अनुसार मानव आत्मिक स्तर पर अकेला है, रोमाण्टिक बोध की दृष्टि से वह व्यक्ति के स्तर पर अकेला है, लेकिन इस उपन्यास की आधुनिकता के अनुसार वह नियति के स्तर पर अकेला है, उसके अथ और उसकी इति का पता ही नहीं चल रहा है। इसमें आज के जटिल और गतिशील वास्तव को पकड़ने की कोशिश है। इसलिए उपन्यास में वास्तव की गति को किसी अन्त में बन्द करना कठिन हो रहा है, अनुभूति की धारा उपन्यास के बाहर जाने को विवश है। **वे दिन** का अन्त शायद इसीलिए अन्तहीन हो गया है (अनन्त नहीं), अधूरा-सा रह गया है। कथा-नायक और कथा-वाचक की आपसी बातचीत से यह उजागर होता है कि अन्तिम क्षण बिलकुल अन्तिम नहीं लगता। वह अपना कोट उठाकर चल तो देता है; लेकिन रायना को स्टेशन पर छोड़ने के लिए नहीं जाता, नगर-बोध से छुटकारा पाने के लिए पहाड़ों पर जाने की सोचता है। क्या इस अन्त-बोध में भी आधुनिकता का बोध उजागर नहीं होता ?

24. राजकमल चौधरी ने भी अपने उपन्यासों में आधुनिकता के बोध को उजागर किया है। इनकी मूल संवेदना के बारे में गहरा मतभेद पाया जाता है। कभी उसे तान्त्रिक बोध के आधुनिक संस्करण से जोड़ा गया है तो कभी अस्तित्व-वाद के आस्तिक पहलू से लैस किया गया है, लेकिन दोनों के मूल में नगर-बोध की सीमाओं की खोज है और इसमें आधुनिकता उजागर होने लगती है। **शहर था, शहर नहीं था** (1966), उपन्यास के पहले खण्ड का नाम है—नीलापन और एक ही सपना बार-बार। उपन्यास के आदि में उन्नीस कविताएँ इस नाम को साकार करने के लिए जोड़ी गयी हैं। राजकमल के कवि और कथाकार में बराबर होड़ रही है जो इन कविताओं को कथात्मक बनाती हैं और कथा को काव्यात्मक। इनमें सामंजस्य का अभाव अखरता है। इस तरह वह आज के वास्तव को उजागर करने के लिए पुरानी रूढ़ियों को एक-एक करके तोड़ने में आधुनिकता के बोध की गवाही देते हैं। इन उन्नीस कविताओं में नागरिक जीवन या नगर-बोध के दो स्तर उभरते हैं। एक जिजीविषा या जीने की अनु-भूति का है और दूसरा यौनाचार की अनुभूति का, जिस पर राजकमल ने इतना बल दिया है कि इनकी रचनाओं को भोगवादी कहा गया है। यह सतह पर है या गहरे में, सृजनात्मक है या विवरणात्मक—यह अलग सवाल है। शहर अजनबी है। ज़िन्दगी रोज़ी की राह पर एकरस चलती रहती है। इस अनुभव के बाद कथा-नायक को यह लगता है कि सुबह होगी और यह नगर उसका दोस्त हो जायेगा। इससे अधिक क्या हो सकता है कि शहर के खोखले जीवन में कहीं बिजली नहीं गिरी या बम नहीं फटा। आत्मीयता की बेकार तलाश थोड़े

इन्तज़ार के सहारे जिजीविषा को पाती रहती है। इस नज़रबन्द ज़िन्दगी से छुटकारा पाने का अवसर पाकर भी कामना डरी रहती है। इस तरह बाहर-भीतर की विवशता के जाल में यौनाचार की अनुभूति उभरती है। सामूहिक यौनाचार नगर-बोध का पूरक पहलू है। इसके तरीके वैध भी हैं और अवैध भी। नगर का आन्तरिक परिवेश बोरियत के कारण खोखला है। राजकमल की धारणा शायद यह है कि सोसायटी-लड़कियाँ भीतर से बरफ या ठण्डी होती हैं। उनमें केवल दैनिक तनाव को ढीला करने की क्षमता है, लेकिन स्वकीया-परकीया यान्त्रिक भोग की चीज़ें नहीं हैं, वे तनाव को बढ़ाती हैं। इस तरह एक ही नाटक बार-बार खेला जाता है। इस उपन्यास में और अन्य रचनाओं में राजकमल विघटन, विसंगति, सन्त्रास, यान्त्रिक तटस्थता, अजनबीपन के एकान्त को उजागर करते हैं। इसकी चरम परिणति को इनकी कविता **मुक्ति-प्रसंग** में आँका जा सकता है जिसमें मौत नगर-वधू है, नील-कन्या मौत की उपलब्धि है। यह वैशाली की नगर-वधू न होकर आधुनिकता की नगर-वधू है जो मौत के माध्यम से जीवन का बोध देती है। नीला रंग भी मौत का संकेत देता है। इस उपन्यास का पहला खण्ड भी नीलेपन से जुड़ा हुआ है। आधुनिकता का बोध कहीं-कहीं गहरे स्तर पर नगर-बोध से जुड़ने की गवाही देता है। आदमी के उखड़ने और उद्देश्यहीन होने का बोध, अपने सार को खोने का एहसास विजातीयता और अजनबीपन के मूल में है। **शहर था, शहर नहीं था** उपन्यास बन सका है या नहीं—यह दूसरा सवाल है।

25. इसी तरह महेन्द्र भल्ला के **एक पति के नोट्स** (1966) में नोट्स लिखने का उद्देश्य अनुभव के छोटे-छोटे टुकड़ों को अंकित करना है, इन टुकड़ों को एक क्रम में जोड़कर इन्हें मायनी देना है। क्या इनमें मायनी आ सके हैं? इसे इन टुकड़ों से गुज़रकर जाना और पहचाना जा सकता है। यह उपन्यास कहानी के पेट से निकला है। पहले इसे दो कहानियों के तौर पर छापा गया था और बाद में इसे लघु उपन्यास का नाम दिया गया है। यह सवाल पेचीदा है कि लम्बी कहानी को लघु उपन्यास का नाम किस स्थिति में दिया जाये? इन विधाओं में किसी बुनियादी अन्तर को आँकना संगत है या नहीं, इस पर गौर करना लाज़मी हो गया है। इस उपन्यास का पहला उद्देश्य इसके पुराने चौखटे को तोड़ना है जिसमें अनुभूति या जमीर की धारा को बन्द कर दिया जाता रहा है, इसके अन्त को समापन का रूप दिया जाता रहा है। इसे खुला छोड़ने के लिए, अन्त को खोलने के लिए, जिसके मूल में आधुनिकता की प्रक्रिया है, उपन्यास में नोट्स की शैली को अपनाया गया है। इसमें अनुभूति के बेमानी होने का तीखा बोध उजागर होता है और इसे तोड़ने की कोशिश भी होती है। उपन्यास में **मैं** की कोशिश इससे छुटकारा पाने की है जो आरोपित नहीं जान पड़ती।

यह बोरियत केवल सेक्स की नहीं, रोज़ के दायरे में चक्कर काटते जीवन की भी है। इस उपन्यास के बारे में जब यह कहा जाता है कि इसका मूल स्वर सम्भोग का है तो यह पहचान अधूरी जान पड़ती है। समकालीन उपन्यास को अँधेरे बन्द कमरे से सम्भोग रूम तक के रूप में आँका गया है।[1] यह सही है कि समकालीन उपन्यास में सम्भोग का चित्रण बार-बार होता रहा है। वह चाहे निर्मल वर्मा का **वे दिन** हो या मोहन राकेश का **अँधेरे बन्द कमरे**, महेन्द्र भल्ला का **एक पति के नोट्स** हो या श्रीकान्त का **दूसरी बार** (1968), गिरिराज किशोर का **यात्राएँ** (1971) हो या ममता कालिया का **बेघर** (1971), मणि मधुकर का **सफेद मेमने** (1971) हो या कृष्णा सोबती का **सूरजमुखी अँधेरे के** (1972)। यहाँ तक कि हाल का उपन्यास **मुरदाघर** (1974) में भी सम्भोग की बात है लेकिन इसका अन्दाज़ और बयान नितान्त बदला हुआ है।[2] सेक्स की अनुभूति **गोदान** में मेहता-मालती के आलिगन-चुम्बन तक सीमित थी, बन्द थी; लेकिन बाद में यह खुलने की गवाही देने लगती है। इस उपन्यास में ही नहीं, कविता-कहानी में इसे आँका जा सकता है। इसमें आधुनिकता की चुनौती है जो पुरानी संवेदना और रोमाण्टिक सम्बन्धों को तोड़ती है। आकाश में दीप जलाकर इन्तजार करने की दृष्टि बदल चुकी है।[3] इनके टूटने में कभी-कभी इन्सान भी टूट रहा है। पहले जैनेन्द्र की नारी टूटती रही है और अब आदमी इसका शिकार होने लगा है। **एक पति के नोट्स** में **मैं** टूटता नहीं; लेकिन **दूसरी बार** में वह टूटने की गवाही देता है। महेन्द्र भल्ला के उपन्यास में वह अपनी पत्नी (सीता) की एकरसता से बोर होकर अपने पड़ोसी की पत्नी (सन्ध्या) में उलझकर, उसे घर बुलाकर सम्भोग करता है, लेकिन इससे हाथ कुछ नहीं लगता—'अभी कुछ वह वही था जो सीता के साथ होता रहा है। इतना ही नहीं यह सीता के साथ ही हुआ है, सन्ध्या के साथ नहीं।' इस तरह बेमानी होने का बोध **मैं** को जकड़ लेता है। वह जब अपनी पत्नी की ओर लौटता है तो बदले में क्रूरता उभरने लगती है। वह यह कहने से बाज़ नहीं आता कि सीता की टाँगें मोटी लग रही हैं और उसे खूबसूरत टाँगें भाती हैं। सीता का चेहरा सफेद पड़ जाता है और वह इतना कहकर रह जाती है कि उसे खूबसूरत टाँगोंवाली के साथ भागना था। इस आयरनी की स्थिति में **मैं** अपने को अवश पाता है, पूरे ढाँचे में अपने को अजनबी पाता है। महेन्द्र भल्ला का कवि बोरियत और अजनबीपन के बोध को संकेतों से गहराता है जिसमें एक तरह का ठण्डापन है—

1. कल्पना—अंक 211
2. जगदम्बाप्रसाद दीक्षित
3. प्रसाद की इस नाम की कहानी।

गरमी बहुत है ।
क्या किया जा सकता है ?
कुछ भी नहीं ।

इस तरह उपन्यास में आधुनिकता का बोध उजागर होता है और यह नगर-बोध से भी जुड़ा हुआ है । यह सही है कि इस उपन्यास में शहरी ज़िन्दगी की भाग-दौड़ नहीं है; लेकिन खाली दोपहरों और सूनी रातों की बोरियत गहरी है जो नगर-बोध की तह में है। यदि इस उपन्यास में **मैं** को ही अधिक विस्तार मिला है और **मैं** के बाहर का वास्तव अधकहा रह गया है तो यह **मैं** के अपने में लीन होने का परिणाम है जिसकी आलोचना वास्तववादी दृष्टि से की जाती है। इसमें आधुनिकता का वह पहलू उजागर होता है जो वैयक्तिकता के बाड़े का है । उपन्यास का अन्त इस बात से हो जाता है कि यह सब-कुछ स्वभाववश है, अन्तर कहाँ पड़ता है, ऐसे ही जीते रहना है, अपनी बुनियादी अक्षमता को स्वीकारना है । यह बुनियादी ही नहीं, समकालीन भी है । इस तरह उपन्यास का अन्त खुल जाता है, **मैं** स्वस्थ होकर सड़क पर चलने लगता है । इसमें यथा-स्थिति का स्वीकार है जो आधुनिकता के उस खेमे से जुड़ा हुआ है जिसमें मानव की नियति का निरूपण उसकी यथास्थिति में किया जाता है । इसके सही-ग़लत होने का सवाल अलग है ।

26. अगला उपन्यास उषा प्रियम्वदा का **रुकोगी नहीं राधिका !** (1967) है जो धारावाहिक रूप में छपा था ।[1] इसमें एक भारतीय नारी की दुविधा को आधार बनाया गया है जो अपनी दिशा तय नहीं कर पा रही है । वह भारत से अमरीका जाती है और उसे एक सांस्कृतिक झटका लगता है । वह अपने को तनाव की स्थिति में पाती है—यहाँ रहे या भारत लौट जाये ? उषा प्रियम्वदा को इस बात का गहरा एहसास है कि कटेपन का बोध सब जगह गहरा रहा है । पात्र अमरीका में रहते हों या भारत के किसी छोटे शहर में, उनमें अकेलापन है ।[2] राधिका ने अकेलापन अपनाया है और सुषमा का अकेलापन उस पर थोपा गया है। राधिका के अजनबीपन में आधुनिकता का बोध उजागर होता है । उपन्यास-कार का विचार है कि विदेशी वातावरण ने इस अकेलेपन और अजनबीपन को मुखर किया है । इस लघु उपन्यास में **मछलियाँ** नामक लम्बी कहानी के संकेत मिलते हैं। इनमें अन्तर शायद यह है कि कहानी में विजी भारत लौट आती है और उपन्यास में राधिका विदेश चली जाती है । भारत आकर उसे जड़ता का बोध जकड़ लेता है, कुछ न बदलने का एहसास घेर लेता है । राधिका ने बचपन से, माँ के चल

1. धर्मयुग में
2. मेरी प्रिय कहानियाँ, पृ. 9, 10

बसने के बाद से, अठारह साल से अकेलेपन को जाना है कि वह कितना भयावह होता है। इसे तटस्थता और सूक्ष्मता से उपन्यास में उजागर किया गया है। इस तरह उषा प्रियम्वदा की रचना-प्रक्रिया में एक खास तरह की सहजता आ जाती है जो इतनी सायास नहीं होती। इसे वह सृजनात्मक ज्वार का नाम देती हैं जिसमें वह बहने लगती हैं। यह नहीं कि सृजन-क्रिया अचानक बहने लगती है, यह इनके भीतर बराबर चलती रहती है—एक बीज, एक विचार, एक बिम्ब, एक अनुभूति के रूप में। इस उपन्यास में एक तरफ़ पिता-पुत्री में अनुराग का तनाव है और दूसरी तरफ़ मनीश-अक्षय के बीच डोलने की स्थिति का तनाव है जो अनिश्चितता और सारहीनता के बोध को गहराती है। वह अपने को परिवेश से कटा हुआ पाती है। आखिर वह मनीश के बारे में तय कर लेती है; लेकिन असली तनाव पिता-पुत्री के सम्बन्ध में है जिसे उपन्यास में इस तरह उजागर किया गया है—

विनय, लोग कल जा रहे हैं ?
कह तो रहे हैं।
और तुम
और आप ?

मैंने अपने बारे में कुछ सोचा नहीं है। चाहता हूँ कि तुम यहाँ रहो राधिका, पहले की तरह। कुछ देर के बाद अँधेरे में उसका जवाब—'**नहीं, पापा, मैं जाना चाहती हूँ। मनीश मेरे एक बन्धु।**' इस तरह उपन्यास का अन्त खुल जाता है और इस अन्त-बोध में आधुनिकता की प्रक्रिया है जो **नयी कविता, नयी कहानी** के दौर की है। इस तरह इसमें अजनबीपन और अकेलेपन का बोध भी आधुनिकता के उस दौर का है, इनकी **वापसी** कहानी का है जिसके बारे में इतना तूफान उठा था और जिसने उषा प्रियम्वदा को हिन्दी में ही लिखने की प्रेरणा दी।[1]

27. यदि इस उपन्यास में आधुनिकता का दौर नयी कहानीवाला है तो मोहन राकेश के उपन्यास **न आने वाला कल** (1968) में भी यही दौर है। इस उपन्यास का परिचय इन शब्दों में दिया गया है—एक पहाड़ी स्कूल में कितने लोग थे जो एक ही जिन्दगी के सहभागी होकर जी रहे थे, परन्तु साथ-साथ जीते हुए भी वे सब इतने अकेले थे कि सिवा अपने और किसी के अकेलेपन को महसूस तक नहीं कर पाते थे। अपने-अपने दायरों में बन्द होकर अपनी-अपनी जगह एक ही चीज़ को खोज रहे थे—**आने आनेवाले कल को,** जो आने से इन्कार करता है और इस न आनेवाले कल में आधुनिकता का बोध उजागर होने लगता है। इस तरह लगता है कि इस पहाड़ी मिशन स्कूल में भी

1. मेरी प्रिय कहानियाँ, पृ. 5

नगर-बोध गहरे में धँस गया है जो एक को दूसरे से और सबको परिवेश से काट देता है। **मैं** ने स्कूल की मास्टरी से इस्तीफ़ा दे दिया है और यह अनेक अफ़वाहों को जन्म देता है। उसका इस्तीफ़ा सबके मन को आनेवाले कल के संशय से भर देता है, अरक्षित होने के बोध को गहरा देता है। **मैं** की अकुलाहट और छटपटाहट को इस ढंग से कहा गया है कि वह उपन्यास के अन्त को इसके बाहर ले जाती है, अनुभूति की धारा को आधुनिकता की प्रक्रिया बन्द होने नहीं देती। **मैं** पहाड़ से नीचे उतरकर रात की गाड़ी पकड़ना चाहता है; लेकिन इसके मिलने की सम्भावना कम हो जाती है। बस का इंजन घरघरा रहा था, चलने से इन्कार कर रहा था। इस स्थिति में **मैं** एक फलवाले को रोककर दो बासी सेब खरीदकर कचर-कचर खाने लगता है और बस के टिकट को दूसरे हाथ से मसल देता है। इस अनिश्चित और तनाव की स्थिति में कथानायक को छोड़ दिया गया है। मोहन राकेश के हर कथानायक के माथे पर तनाव की लकीरें हैं, वह चाहे नाटक का हो या उपन्यास का। **मैं** भी कालिदास, नन्द और महेन्द्रनाथ की तरह दुविधा की स्थिति में जकड़ा हुआ है। इसके मूल में आधुनिकता का बोध है जो कृति के अन्त-बोध को खुला छोड़ने के लिए बाधित करता है। मोहन राकेश के **न आने वाला कल** में उनकी कहानी **जानवर और जानवर** की अनुभूति है, उसी तरह है जिस तरह उषा प्रियम्वदा के उपन्यास **रुकोगी नहीं राधिका** में उनकी कहानी **मछलियाँ** का बीज है जो अंकुरित होकर विस्तार पाता है। आधुनिकता का दौर भी **नयी कहानी** का है जिसमें आज रोमाण्टिक बोध को आँका जा सकता है।

28. श्रीकान्त के **दूसरी बार** (1968) उपन्यास में सेक्स को या मोहभंग को लेकर जब इसमें आधुनिकता के बोध का मज़ाक उड़ाया गया है तो यह आरोपित दृष्टिकोण का परिणाम ही कहा जा सकता है। आधुनिकता-बोध के एक से अधिक पहलू और दौर हैं और इनमें एक यह भी है। इसे चाहे हिन्दी-उपन्यास के अँधेरे बन्द कमरे से सम्भोग रूम तक का नाम दिया जाये। एक आलोचक के अनुसार **वे दिन** में एक देह है और अँधेरा कमरा है। इसमें संवेदनाओं का सस्ता संस्करण पेश किया गया है। इसे रचनाकार की निजी दस्तावेज़ कहा गया है। इस तरह इस उपन्यास की पहचान और परख आधुनिकता के वास्तववादी खेमे की दृष्टि से की गयी है। इनकी शिकायत यह है कि हिन्दी के उपन्यास में नायक रोगी, नपुंसक और आत्मलीन क्यों है? यह सही है कि **दूसरी बार** का नायक खुद को संकोच के कारण छिपाने के हक में नहीं है। वह दब्बू, असहाय और निस्संग क्यों है? वह दुखी और फटेहाल है जबकि युवती खुशहाल है। पहली बार वह सम्भोग में स्खलित हो जाता है और हीनता का बोध उसे घेर लेता है। वह साहस बटोरता है ताकि दूसरी

बार वह विजय पा सके। नर और नारी के एक-दूसरे पर विजय पाने की होड़ में लारेंस की दृष्टि झलकने लगती है। इस उपन्यास में यह लगता है कि यह दौड़ कभी बैंटिग का रूप धारण कर रही है तो कभी हाकी के मैच का जिसमें गोल के दायरे में पहुँचकर गोल नहीं हो पा रहा है। इस तरह तनाव की स्थिति उपन्यास में जारी रहती है। **मैं** में हीनता की गाँठ इतनी गहरी और जटिल है कि वह बार-बार तुनकने लगता है, अपमानित महसूस करने लगता है जो सम्भोग में असफलता का परिणाम है। यह उसके तनाव के मूल में है। उसका मोहभंग सतह पर है और उसकी विवशता गहरे में है। उपन्यास का अन्त अनुभूति की धारा को समेटता नहीं है, इसे खुला छोड़ देता है। इस तरह यह कृति के समापन की रूढ़ि को तोड़ता है जो आधुनिकता की चुनौती का परिणाम है। नायक शहर छोड़ने की बात सोचता तो है, लेकिन इसे छोड़ नहीं पाता। श्रीकान्त की कविता का मूल स्वर भी कुछ न कर सकने के तनाव में ध्वनित होता है। यह शायद आधुनिकता के उस पहलू की समस्या है जो पाश्चात्य चिन्तन से जुड़ा हुआ है। नायक के लिए बिन्दो एक अभिशाप बन जाती है और वह इससे छुटकारा पाना चाहता है। नायक दूसरी बार भी पति नहीं बन पाता और नायिका पत्नी जैसा औसत जीवन जीना स्वीकार नहीं करती। अन्तिम तान नायक के ओकने या कै करने में टूटती है। मितली-बोध भी आधुनिकता के इसी पहलू का परिणाम है जो **नासिया** से जुड़ा हुआ है। नायक चलकर एक पत्थर पर बैठ जाता है और बिन्दो उसे अमरबेल की तरह जकड़ लेती है। **मैं** अँधेरे में, दूसरी ओर मुँह फेर, बायें हाथ से अपना सीना पकड़ ओकने लगता है। इस तरह दोनों में यान्त्रिक सम्बन्ध टूटने की गवाही देता है। इस अस्वीकार में आधुनिकता का बोध नगर-बोध से जुड़ा हुआ है जहाँ कोई नहीं पहचान सकता, कोई नाम लेकर पुकार नहीं सकता, कोई अपने प्रेम में खलल नहीं डाल सकता। **मैं** घास पर लेटे लोगों में से एक है। वह घास पर पड़े रहना चाहता है। 'यह नगरी मेरी है। पर झूठ है, बिन्दो झूठ है। जो जाना है, पहचाना है, झूठ है।'[1] इस तरह श्रीकान्त का कवि बोलने लगता है और अपनी कविता की आधुनिकता के दौर को उपन्यास में उजागर करने लगता है।

29. श्रीलाल शुक्ल के उपन्यास **रागदरबारी** (1968) की संरचना में कविता के बजाय व्यंग्य का पुट है जो वास्तव को एक और धरातल पर उजागर करता है। इसमें आधुनिकता का वह पहलू है जो वास्तववादी खेमे से जुड़ा हुआ है और वह दौर समकालीन कहानी का है, जो नयी कहानी की आधुनिकता

1. दूसरी बार पृ. 128

से छुटकारा पाने की यातना में है। इसलिए शायद लेखक ने व्यंग्य-विनोद के माध्यम को अपनाया है। एक कृति के तौर पर **रागदरबारी** कहाँ तक बन पाया है—यह अलग सवाल है। यह उपन्यास कभी-कभी व्यंग्य-लेखों के संकलन की गवाही देने लगता है जिसे जोड़ने के लिए या एक सूत्र में बाँधने के लिए कथा-नायक रंगनाथ से काम लिया गया है। इसकी शुरुआत शहर के एक किनारे शिवपालगंज से होती है जो धीरे-धीरे इतना फैल जाता है कि लगता है सारे देश को यह घेर लेता है। इस तरह उपन्यास अपने सीमित दायरे से निकलकर व्यापक होने की गवाही देने लगता है। शिवपालगज क्या है ? इसे उजागर करने के लिए या इसके वास्तव को पकड़ने के लिए लेखक ने कभी व्यंग्य का सहारा लिया है, कभी विनोद का तो कभी आयरनी का। यह शायद समकालीन वास्तव को पेश करने के लिए बेहतर माध्यम है, आज़ादी के बाद शिवपालगंज का या देश में फैले शिवपालगंज का क्या स्वरूप उभरा है। इसे लेखक ने समेटने की कोशिश की है। व्यंग्य की दृष्टि में आधुनिकता के बोध की गवाही मिलती है। यह सही है कि आधुनिकता का बोध नगर-बोध से जुड़ा रहता है, लेकिन इस उपन्यास में रंगनाथ शहरी होने के नाते इस बोध को लेकर शहर के किनारे शिवपालगंज से शोध करने की नीयत से यहाँ चला आता है। यह शहर के किनारे को **भारतीय देहात का महासागर** का नाम दिया गया है जिससे भाषा की संरचना में व्यंग्य का पुट उजागर होता है। इस तरह उपन्यास में कभी शब्द का व्यंग्य है, कभी कथन का तो कभी रेखा-चित्र का। रंगनाथ और ट्रक ड्राइवर से बात शुरू होती है। मुसाफिर-गाड़ी केवल डेढ़ घण्टा लेट है। रंगनाथ के कन्धे पर **भूटानी** झोला लटका हुआ है। इसमें शब्द का व्यंग्य है। ट्रक में गियर किस तरह लगता है इसकी तुलना देश की हकूमत से की गयी है। इसमें कथन का व्यंग्य है। इस तरह का व्यंग्य उपन्यास की बुनियादी संरचना के मूल में है जो इसे अन्य उपन्यासों से अलगाता है। यह और बात है कि व्यंग्य-विनोद में कभी शिथिलता आ जाती है, कभी सतहीपन तो कभी भोंडापन; लेकिन आम तौर पर इसमें पैनापन है। **गोदान** की संरचना के मूल में व्यंग्य है, लेकिन यह त्रासदी के स्तर पर है। इसलिए इसे एक त्रासदीय व्यंग्य-रचना के रूप में आँका गया है।[1] **रागदरबारी** में यह व्यंग्य कामदी के स्तर पर है। इसलिए इसकी पहचान एक कामदीय व्यंग्य-रचना के रूप में करना अधिक संगत है। आधुनिकता की चुनौती को इसी धरातल पर स्वीकारा गया है।

30. रंगनाथ गाड़ी लेट होने के कारण ट्रक में बैठकर शहर से शिवपालगंज शोध करने के लिए, जिसे घास खोदना कहा गया है, पहुँच तो जाता है लेकिन

1. इन्द्रनाथ मदान—आलोचना और आलोचना।

सबसे पहला दृश्य जिसका उसे सामना करना पड़ता है वह उस नंग-धड़ंग लड़के का है जो ट्रक के नीचे कुचलने से बच निकलता है, लेकिन इसका नीम असर भी ड्राइवर पर नहीं पड़ता। उसके लिए लड़के और कुतिया का नीचे दबकर मर जाना बराबर है। रंगनाथ खद्दर पहनता है जिसे तुक का आदमी नहीं पहनता। इससे अगला दृश्य रास्ते में पड़ी कुतिया का है जिसे कोई भी लात मार-कर आगे निकल सकता है। औरतों का कतार बाँधकर वायु-सेवन करना और साथ ही मलमूत्र करने के दृश्य पर मलयज की निगाह खास तौर पर टिकती है जिसे राममनोहर लोहिया भारत की लगभग आधी आबादी की यानी औरत की सबसे बड़ी समस्या मानते थे।[1] वह **रागदरबारी** की वस्तु को शिवपालगंज में आँकते हैं जो देश की आजादी के बाद सब जगह मिल सकता है; लेकिन यह थोड़ा उन्नत है। यहाँ इण्टर कालिज है, सहकारी समिति है, तहसील है, थाने का सदर मुकाम है, दुकानें हैं, शराब की भट्ठी है और पंचायत है। मलयज का मत है कि इस वस्तु के बारे में लेखक का एक खास दृष्टिकोण है—शायद इस दृष्टिकोण के कारण ही वे तमाम बातें रचना-दृष्टि के दायरे में आ जाती हैं।[2] इस मत के हक में वह नेमिचन्द्र जैन का हवाला देना भी आवश्यक समझते हैं जिन्होंने **रागदरबारी** में अपरिचित अनुभव फिर से ताजा किया है।[3] यह पहचान-परख कहाँ तक सही है इसकी गवाही उपन्यास ही दे सकता है। यह उपन्यास 35 अंशों में लिखा गया है और 35वें को भूल से 34वाँ कहा गया है। शिवपालगंज को समेटने के लिए 425 पन्नों का इस्तेमाल करना पड़ा है। एक-एक बात का निरूपण करने के लिए एक-एक व्यंग्य-लेख की रचना करनी पड़ी है—वह चाहे भाँग पीने की विधियों पर हो या जुतियाने के तरीकों पर, भाषणबाज़ी पर हो या ठहाकों की किस्मों पर, कवि-कहानीकार पर हो या कैलेण्डरों पर, घूसखोरी पर हो या सस्ती इश्कबाज़ी पर, मेले पर हो या कचहरी पर, लोकतन्त्र पर हो या चुनावों पर, शास्त्रीय संगीत पर हो या बादाम खाने पर, चुनाव जीतने की तरकीबों पर हो या आबादी के मसले पर, गंजही-पद्धति पर हो या शोध-पद्धति पर, लीडरी करने पर हो या बस के अड्डे पर। इस तरह के व्यंग्य-लेख शिवपालगंज के दायरे में आते हैं—कभी उसका अभिन्न अंग बनकर तो कभी आरोपित होकर। इसी तरह कहीं थाने के परिवेश पर व्यंग्य का छींटा है तो कहीं साम्यवाद पर। थाने में बैठकर यह मालूम होता है कि आदमी इतिहास के किसी कोने में खड़ा है। इस थाने के लिए फाउंटेन पेन नहीं बना था, इस दिशा में कुल इतनी तरक्की हुई थी कि कलम सरकण्डे का

1. आलोचना-7, पृ. 101
2. वही, पृ. 99
3. साप्ताहिक हिन्दुस्तान, 19 जनवरी 1969

नहीं था।[1] दारोगा का यह कहना कि रिश्वत, चोरी, डकैती अब सब एक हो गया है, पूरा साम्यवाद है।[2] रुप्पन बाबू, दारोगा बख्तावर सिंह के रेखाचित्रों को उतारने में व्यंग्य-दृष्टि से काम लिया गया है। रुप्पन बाबू के पैदायशी नेता होने में भी इसी दृष्टि को आँका जा सकता है। व्यंग्य कहीं अपनी सीमा पार कर, विस्तार पाकर पतला हो जाता है तो कहीं अपने संयम में कसा होकर पैना होने की गवाही देता है।[3] इसी तरह व्यंग्य के टुकड़े शिवपालगंज में इण्टर कालिज का और देश में इंजीनियरों की कमी का परिचय तो दे जाते हैं, लेकिन उपन्यास का अभिन्न अंग बनने से रह जाते हैं। मास्टर मोती का चित्र खींचने में व्यंग्य का पुट गहराने लगता है। जहाँ तक स्कूल के लड़कों का सवाल है, वे कनखजूरे की तरह स्कूल से चिपके हुए थे और किसी भी कीमत पर उससे चिपके रहना चाहते थे, फेल होकर कुदाल की दुनिया में वापस नहीं जाना चाहते थे। इन सबका परिचय देकर तान इस बात पर टूटती है कि यह शिवपालगंज है। इसके खोखले जीवन के चित्रों को उतारने में व्यंग्य पैना होने की गवाही देता है। यह गंज घूरों और घूरों से बदतर दुकानों के बिना अधूरा है। असली और ठेठ शिवपालगंज को सड़क पर, वैद्यजी की बैठक में और तीन पेड़ों के नीचे देखा जा सकता है जहाँ **गंजहा** जीवन पनपता है। गंजहा एक जीवन-दृष्टि है। इस तरह व्यंग्य-विनोद कभी शब्द में है, कभी उक्ति में, कभी स्थिति में और कभी रेखा-चित्र में। बाहर से आया रंगनाथ गंज के समाचार पा रहा है, इससे परिचित हो रहा है। इस तरह वह व्यंग्य के टुकड़ों को जोड़ने में काम आ रहा है, मुकदमा और कचहरी उपन्यास पर इतनी हावी है कि यह कभी-कभी इसका मूल स्वर बनने की गवाही देने लगते हैं। लंगड़ इसके मरकज़ में है जिसने अदालत में मुकदमे की अरज़ी दे रखी है और जिसका फैसला उपन्यास के अन्त तक नहीं हो पाता। मुकदमे का फैसला सुनने के लिए अगला जन्म पड़ा है। भाँग पर कुछ कहने के लिए भी अवसर निकाला गया है।[4] चलते-चलते अज्ञेय की कविता पर भी छींटा कसा गया है—दुख माँजता है। शायरी पर भी मीठी चुटकियाँ ली गयी हैं—शायरी मुहावरे के हिसाब से होती है, मुहावरा शायरी के हिसाब से होता है। रुप्पन बाबू के कमरे का विवरण देते-देते पन्त की भाषा पर भी छींटा कसा गया है जब गुप्त-साहित्य की पुस्तक का संकेत दिया गया है कि इसमें **मानव-मानव के चिरन्तन** सम्बन्धों का चित्रण होता है। यहाँ व्यंग्य की पैनी धार कुण्ठित होने लगती है, अतिशयता उपन्यास में दरारें डाल

1. रागदरबारी, पृ. 18
2. वही, पृ. 20
3. वही, पृ. 18
4. वही, पृ. 45, 46

देती है, व्यंग्य का भोंडापन उजागर होने लगता है।[1] इसी तरह सस्ता और सतही व्यंग्य लेक्चरबाज़ी के अंश में मिलता है जो उपन्यास से कटा जान पड़ता है। यदि उपन्यासकार की भाषा में कहा जाये तो उपन्यास यहाँ आकर टें हो जाता है। अधिक तूल देने से अधिक नहीं कहा जा सकता।

31. एक-एक करके व्यंग्य-लेख उपन्यास में ठूँसा जा रहा है। इसलिए **रागदरबारी** कभी-कभी व्यंग्य-लेखों का संकलन लगता है; लेकिन व्यंग्य-कथन कभी-कभी इसे इस पहचान से बचा भी लेते हैं—आकाश में एकमात्र देवता भगवान और धरती पर एकमात्र देवता वैद्यजी सनीचर की दृष्टि में। कवि-कहानीकार पर तीन-पेजी व्यंग्य-लेख, कैलेण्डरों की श्रेणियों पर एक व्यंग्य-लेख इसी कोटि में आते हैं, लेकिन रंगनाथ की सोच को उजागर करने में बारीकी से काम लिया गया है।[2] लेखक का पाठक से सम्बोधन रेडियो शैली में है—अब आप मौसम का हाल सुनिए। शोध का मज़ाक उड़ाने में एक व्यंग्य-लेख देने के मोह से छुटकारा इसलिए नहीं पाया जा सका कि यह रंगनाथ की इन्डालोजी पर शोध से जुड़ा हुआ है। रुप्पन बाबू और बेला के आपसी स्नेह की खिल्ली उड़ाने में, रोमांटिक बोध का विरोध करने में आधुनिकता का बोध उजागर होता है। नैतिकता घर के कोने में पड़ी एक चौकी की तरह है। इस तरह के कथनों में व्यंग्य का स्तर उठने लगता है। यह स्थिति गाँव में गांधी चबूतरे की तरह है। अगर शिवपालगंज से पाँच मील दूर मेले पर व्यंग्य-लेख की रचना न की जाती तो उपन्यास अधूरा रह जाता। उपन्यास के मरकज़ में शिवपालगंज है। इस गंज के एक-एक दृश्य और एक-एक व्यक्ति को लेना आवश्यक है ताकि इसकी पूरी तसवीर उतारी जा सके। वह चाहे सेनीटरी इन्स्पेक्टर सिंह साहब हों या गयादीन सूदखोर हों। इसी तरह मन्दिर के बिना भी शिवपालगंज अधूरा है जहाँ सियावर रामचन्दर और पवन सुत हनुमान की जय बुलाना लाजमी है। जहाँ तक अदालत का सवाल है वह तो उपन्यास में आदि से अन्त तक जारी रहती है। भूदान भी लेखक के व्यंग्य-बाण से अछूता नहीं रहता। बुद्धिजीवियों पर तो इतने व्यंग्य-बाण छोड़े गये हैं कि तरकश खाली होने का खतरा मोल लेता है। गरीबी हटाने का असली उपचार यह है—खुश रहने से गरीबी दुखी नहीं करती। उपन्यास में किसी को रिश्वत खाने का बेहद शौक है, किसी को माला पहनने का, किसी को भाँग पीने का तो किसी को भाषण देने का। अपने-अपने शौक इसमें विविधता लाते हैं। लोक-सभा और विधान-सभा व्यंग्य से किस तरह बच सकती है। इस देश में पैदा होकर इतनी देर मुँह बन्द रखना धिक्कार के काबिल है और लेखक ने खुलकर मुँह खोला है। यह

1. रागदरबारी, पृ. 65, 66, 72
2. वही. पृ. 108

कभी-कभी नाट्यात्मक आयरनी की याद ताज़ा करता है। यह सही है कि भले आदमी अपनी जमानत नहीं देते, जेल में रह लेते हैं। ताश और कोश पर व्यंग्य-लेखकों में शिथिलता ही शिथिलता है। इसी तरह कहानी-अकहानी पर व्यंग्य और खजुराहो, भुवनेश्वर पर व्यंग्य-लेख अपने स्तर से उतरने की गवाही देता है, उपन्यास, लेखक की भाषा में टें और पें दोनों होने लगता है। इन सबका मज़ाक उड़ाने में, रुप्पन बाबू और बेला में रोमाण्टिक प्रेम की खिल्ली उड़ाने में आधुनिकता का बोध अवश्य गहराने लगता है। शिवपालगंज के छोटे-से मैदान और साग-सब्ज़ी के बाज़ार पर, पंचायत की इमारत, परिवार-नियोजन पर व्यंग्य करना शेष रह गया है। रंगनाथ, शहर का आदमी, गंजहों के घेराव में आ गया है और गंजही पद्धति में उपन्यास की रचना जारी है। गंजही चोंचलों पर लेखक की गहरी पकड़ है। लंगड़ का व्यक्तित्व आदि से अन्त तक व्यंग्य और दया के अनूठे साँचे में ढला हुआ है। इधर रंगनाथ अपने को शिवपालगंज में मिसफिट पाता है और उधर गंजही भाषा में रंगनाथ, शहर का आदमी सूअर की लेंड़ी है जो न ही लीपने के काम आती है और न ही जलाने के। उसकी स्थिति त्रासदीय न होकर कामदीय है। इसलिए व्यंग्य-पद्धति का इस्तेमाल किया गया है। होरी की स्थिति त्रासदीय है। वह अन्त में धराशायी है। रंगनाथ शहर लौट आता है। इसे रंग और बदरंग की भाषा में उतारा गया है। अन्तिम अंश में, जो उपन्यास से टूटा और मढ़ा लगता है, डाकबँगले पर व्यंग्य-लेख है जहाँ इण्टर कालिज की जाँच हो रही है। रंगनाथ तो इस बिराने देश में रहना नहीं चाहता। हर रंगनाथ हर शिवपालगंज में या भारत के इस परिवेश में अपने को बिराना और अजनबी महसूस करता है।[1] इसमें आधुनिकता का बोध गहराने लगता है। रंगनाथ की शोध ठप है, इतिहास की जगह खालीपन है। उसके पास रामभरोसे बैठ के जग का मुजरा देखने के सिवाय और चारा ही क्या है। अन्तिम तान मदारी की डुगडुगी और बंदरिया के भरत-नाट्यम् की शैली में नाचने पर टूटती है। इस तरह अन्त-बोध में राग रागदरबारी का है और नृत्य-शैली भरत-नाट्यम् की है। इस व्यंग्य-बोध में आधुनिकता का बोध उजागर होता है। कुल मिलाकर इस राग में सम और विषम दोनों स्वर उभरते हैं। इसमें क्या उपन्यास के पुराने तन्त्र को तोड़ा गया है? इसके बारे में यह कहा गया है कि इसमें कथा-वस्तु या वस्तु में कथा-भाव का लोप हो गया है। उपन्यास में कथानक के ढाँचे को बे दिन में ही तोड़ा गया था। शिवपालगंज के परिवेश में रंगनाथ के रूप में नगर-बोध घुसने की कोशिश नहीं करता है। **गोदान** में गाँव होरी के रूप में धराशायी है। शिवपालगंज धराशायी तो नहीं है; लेकिन यह चारों तरफ से कीचड़ और कीचड़ से घिरा हुआ है। **गोदान** के अन्त-

1. अतुलवीर अरोड़ा—आज का हिन्दी उपन्यास, पृ. 266

बोध में त्रासदीय बोध है और **रागदरबारी** के अन्त-बोध में कामदीय बोध है और दोनों में यह व्यंग्यात्मकता धरातल पर है।

32. गिरिधर गोपाल के **कन्दील और कुहासे** का कथ्य **रागदरबारी** की तरह सम्भोगीय उपन्यासों से हटकर तो है, लेकिन यह महानगर के परिवेश और नगर-बोध से जुड़ा हुआ है। इसके लेखक **चाँदनी में खँडहर** की बात तो पहले कर चुके हैं, लेकिन इस उपन्यास में वह अँधेरे में उस पीढ़ी की बात करते हैं जो दिशाहारा हो चुकी है, भटक रही है। इसका आगत रंगनाथ की तरह बेठौर है; इसका अनागत अँधेरे से घिरा हुआ है। इन दोनों के बीच यह पीढ़ी राह खोज रही है। इसमें सारी कहानी एक शाम की है। यह उसी तरह जिस तरह **चाँदनी के खँडहर** में सारी बात चौबीस घण्टों में सिमट जाती है—एक सुबह से लेकर दूसरी सुबह तक। **कन्दील और कुहासे** का कथ्य किशू का होकर, उसके परिवेश और परिवार के माध्यम से एक पूरी पीढ़ी का बन जाता है। अगर उसे नौकरी भी मिलती है तो बाद में वह छँटनी का शिकार हो जाता है। इसमें सुरेन्द्र एक पात्र है जो भयानक अन्धकार, अनिश्चित जीवन-भटकाव, आत्मघाती कुण्ठा के तीखे बोध को पाकर अगर यह कहने पर विवश हो जाता है—गाली-गलौज, यह तो छोटी चीज़ है, जूतों से बात की जानी चाहिए, इन बदमाशों से, इन गद्दारों से[1] तो वह वास्तव के उस रूप को उजागर करता है जो आधुनिकता के दूसरे पहलू से जुड़ा हुआ है। इस बोध का अगला दौर शायद गाली न होकर गोली हो रहा है, नक्सली-चेतना में बदल रहा है। इस उपन्यास के सब पात्र टूटते तो रहते हैं लेकिन झुकने से इन्कार करते हैं। सुरेन्द्र एक अपवाद है जो टूटने की स्थिति में व्यवस्था का पुरज़ा बन जाता है और यह आज के वास्तव का एक पहलू है। अन्त में लेखक खुद मंच पर आ जाता है। यह इसलिए कि किशू की मौत के बाद उस कैसे हज़ारों युवकों को इस नियति से बचाया जा सकता है! और इसमें आधुनिकता की प्रक्रिया अवरुद्ध हो जाती है। श्रीलाल शुक्ल रंगनाथ को बचाते नहीं हैं, मदारी की डुगडुगी सुनवाते हैं जिसमें कामदीय व्यंग्य का स्वर उभरता है। उपन्यास में किशू और मीरा के आपसी सम्बन्ध को इसलिए रखा गया है कि वह रातरानी की तरह दिशाहीन वातावरण में महकता रहे। मीरा भी किशू के रोपे इस पौधे की तरह अभिशप्त है। वह भी आज के दिशाहीन पथ पर भटकने का संकेत देती है।

33. गोविन्द मिश्र के उपन्यास **वह अपना चेहरा** (1970) में वह शब्द कटा हुआ है और अपने चेहरे की तलाश के पहले **मैं** को एक मुखौटा चढ़ाना पड़ता है। इस तलाश में आधुनिकता का बोध उजागर होने लगता है। नगर में या महा-

1. कन्दील और कुहासे, पृ. 177

नगर में इन्सान मुखौटा पहनने के लिए विवश है। लेखकीय के अनुसार इन्सान कुछ भी नहीं रहा, केवल स्थितियाँ बनकर रह गया है जो खास कोण, खास रंग और खास क्षण में इसे झलका जाते हैं। इस उपन्यास में स्थितियाँ दफ्तरी माहौल की हैं, सीमित हैं जिसमें इन्सान सिमटकर बौना हो गया है, आधा-अधूरा बन गया है। मैं एक छोटा अफ़सर है जिसकी छोटी निगाह है। उसके जीवन की विडम्बना यह है कि वह बड़े अफसर से नफ़रत भी करता है; लेकिन स्पेशल पे पाने के लालच में उससे चिपका भी रहता है ताकि वह कहीं नाराज़ न हो जाये। यह एक औसत स्थिति है। वह दूसरों के सामने अपना चेहरा कायम रखने के लिए मुखौटा चढ़ा लेता है; लेकिन बड़ा साहब उसकी कमज़ोरी को पूरी तरह जानता है। मिसेज़ आजवनी अफसरों को हर तरह से खुश रखती है जो महानगरों में एक कला का रूप धारण कर रही है। आज के परिवेश में तलखी के इस बोध की अनेकों कहानियों की रचना हो चुकी है। यह स्थिति भी एक साधारण स्थिति है। एक बड़े शहर में मैं इतना छोटा था कि एक भुनगा भी मैं को बड़ा लगता था। मैं एक गलत जगह पर था। मैं को कभी आधेपन का बोध कचोटता है तो कभी अजनबीपन का जिसे **जिहाद** नामक कहानी में आँका जा सकता है और यह कहानी इस उपन्यास की एक कड़ी है, इसकी मानसिकता और संवेदना से जुड़ी हुई है। इस मानसिकता और संवेदना में आधुनिकता का बोध उजागर होता है जो उस पहलू से जुड़ा हुआ है जिसमें नगर-बोध के अजनबीपन, अकेलेपन और अस्तित्व के लोप हो जाने की गवाही मिलती है।

34. अगला उपन्यास जिसमें आधुनिकता का बोध गहरे में उजागर होता है, प्रमोद सिनहा का **उसका शहर** (1970) है जो नाम और रूप दोनों स्तरों पर नगर-बोध से बुरी तरह जुड़ा हुआ है। इस उपन्यास में पात्र जिस वास्तव को झेलते हैं वह बाहरी कम और भीतरी अधिक है। लूपिका दशानन, श्री, आमूल, नीरा, एग्नी ऐसे अपरिचित नामों को लिया गया है जिनमें बदलने की अधिक सम्भावना है, संस्कारों से छुटकारा पाने की अधिक क्षमता है ताकि लेखक उपन्यास में आधुनिकता के उस पहलू और दौर का निरूपण कर सके जो पाश्चात्य धारणा के निकट है, और भारतीय संवेदना से दूर है। इसके अपने कारण हैं कि उपन्यास में इस तरह आधुनिकता का क्यों निरूपण किया गया है। इसमें उपन्यास के पुराने ढाँचे को भी तोड़ने की कोशिश है ताकि कथानक और चरित्र-चित्रण के बजाय स्थितियों को उजागर किया जा सके। आज के इन्सान के लिए बीतते जाने की संवेदना उसे सताती और कचोटती है और कबीर के हीरा जनम की बात से भिन्न स्तर पर है। लूपिका सोचती है—यह जीना अपने-आपमें कितना भयानक है, कहीं कुछ भी वापस नहीं आता। बीतते जाने का एहसास उस आत्महत्या की तरह है जिसमें आदमी यह अच्छी तरह जानता है कि यदि उसने ऐसा कुछ भी

किया तो उसका अस्तित्व खतरे में पड़ जायेगा और यह खतरा अन्य खतरों की तरह टाला नहीं जा सकता, बल्कि इससे उसके अस्तित्व के ही टल जाने की गुंजाइश रहेगी।[1] इस तरह की दृष्टि उपन्यास में आँकने को मिलती है जिस पर कामू के अस्तित्ववादी बोध की छाया मँडरा रही है। इसलिए यह कहना पड़ता है कि इसमें आधुनिकता का बोध धारणा के स्तर पर है। उपन्यास में कभी बारिश में बोरियत का बोध आमूल को घेर लेता है तो कभी पूरी ज़िन्दगी के बेकार होने का बोध।[2] आमूल को सारी शिकायत अपने भीतर के खोखलेपन से होती है। उसके एक महानगर का चित्र बनाने में नगर-बोध और आधुनिकता बोध एक-दूसरे में गुँथ जाते हैं। यह चित्र एक बीमार शहर का है या नगर संस्कृति का है।[3] इस तरह की भाषा इस बोध को उजागर करने के काम आती है। उपन्यास में व्यंग्य का झीना पुट भी शहर के वास्तव को आधुनिकता की दृष्टि से उजागर करता है। इसी तरह प्रोफेसर दशानन भी रीतेपन के बोध से घिरा हुआ है और इसे भरने के लिए वह छात्राओं को खाने पर बुलाकर फिर रीत जाता है। बोरियत का बोध सब पात्रों के मन में समाया हुआ है। लूपिका के लिए श्री का अकेलापन एक चिन्ता का विषय है जिसे झेलना है—'हर चीज़ का एक निश्चित भुगतान तय है और किसी-न-किसी तरह उसकी कीमत चुकानी पड़ती है। न इसकी टकराहट् से बचा जा सकता है और न इससे किनारा काटा जा सकता है।'[4] आमूल सारी बातों को टुकड़ों में आँकता है और उसे आपसी सम्बन्धों में किसी तरह का नाता नज़र नहीं आता। वह अन्तिम बात कहते-कहते उसे पूरा किये बिना नयी बात शुरू कर देता है। इस तरह इति का अथ में बदल जाना आधुनिकता की प्रक्रिया को सूचित करता है। एग्नौ श्री के साथ जब बाज़ार करने बाहर चली जाती है तो आमूल पहली बार अपने घर में बेघर महसूस करने लगता है। मित्र की स्थिति भी उस व्यक्ति की है जिसके सामने जीवन-नाटक खेला जा रहा है जिसमें पात्र अपना-अपना संवाद बोलकर चले जाते हैं और खुद वह तटस्थ है। एग्नी श्री की तरफ झुक रही है और एक पति के नाते उसमें सब-कुछ देखकर चुप रहने की मजबूरी है। वह इसका हल खोज रहा है; लेकिन उसे हल नहीं मिल रहा है। इस तरह की स्थितियाँ उपन्यास में तटस्थता, अकेलेपन, अजनबीपन और कट जाने के बोध को उजागर करती हैं। लूपिका भी इस तरह की स्थितियों से घिर जाती है और स्थितियाँ उपन्यास की संरचना के मूल में हैं। लूपिका आमूल को अपनी आदत का शिकार

1. उसका शहर, पृ. 94
2. वही, पृ. 9
3. वही पृ. 27
4. वही, पृ. 56

समझती है। वह नहीं समझ पाती कि आमूल माँ के रहते बदल-बदलकर औरतों से हम-बिस्तर क्यों होना चाहता है। वह थोथे सम्बन्धों को अस्वीकारती है। वह बँध जाने के बजाय सफर करते जीवन को बेहतर समझती है। क्या इस पर **वे दिन** की रचना की छाया तो नहीं मंडरा रही है? लूपिका विवाह जैसे बन्धनों को आवश्यक नहीं मानती।[1] उसका अस्तित्व टुकड़ों में बँट गया है और एक-दूसरे के बीच उसे कोई नाता नजर नहीं आता। इस तरह आमूल और लूपिका के सम्बन्धों में केवल सुविधा है। मित्र और एग्नी के सम्बन्धों में बेगानेपन का बोध है, लूपिका और दशानन में इतनी भिन्नता है कि वे जुड़ नहीं पाते। लूपिका अपनी अस्मिता खोना नहीं चाहती। क्या स्थितियों के बजाय नये सम्बन्धों की खोज को, जो सम्बन्धहीन है, उपन्यास की संरचना उजागर नहीं करती? उपन्यास का अन्त दशानन की अनिश्चित स्थिति में होता है। इसलिए यह अन्त खुला हुआ है—'वह बन्द फाटक पर अपनी हथेलियों को रखकर सामने फैली हुई सड़क की ओर झुककर कभी इधर और कभी उधर देख रहा था, कभी अपने विगत को तो कभी अपने अनागत को (आगत उसका है नहीं)।' फाटक बन्द है, लेकिन सड़क खुली है जिसके साथ अन्त खुल जाता है। इस अन्त-बोध में भी आधुनिकता का बोध उजागर होता है। प्रमोद सिनहा का **उसका शहर** वास्तव के उस अंश को उजागर करता है जिसका सामना आज के इन्सान को करना पड़ रहा है। यह उपन्यास किसी बड़ी मानवीय स्थिति या नियति से जुड़ सका है, यह अलग सवाल है। यह आधुनिकता के उस पहलू को लिये हुए है जिसका विरोध कला के मानवीकरण के पहलू से हो सकता है। इसमें आधुनिकता का बोध धारणा के स्तर पर अधिक है, संवेदना के स्तर पर कम जो इसे कृति बनने से रोक देता है।

35. गिरिराज किशोर के उपन्यास **यात्राएँ** (1971) में भी बाहर का वास्तव कम है और भीतर का अधिक है; यात्राएँ बाह्य कम और आन्तरिक अधिक हैं। वह **चिड़ियाघर** (1962) में बाहर के वास्तव को कह चुके हैं या पेश कर चुके हैं। लेखकीय के अनुसार **यात्राएँ** में एक नव-विवाहित जोड़े की एक-दूसरे को समझने की कोशिश और कशमकश में बीते कुछ दिनों की नाजुक कहानी है (कथा नहीं, स्थितियाँ हैं)। मंसूरी की यात्रा बाहर की है और मंसूरी में यात्रा भीतर की है जहाँ एक-दूसरे को समझने की कशमकश जारी है। यह उपन्यास भी सम्भोगीय कोटि में आता है, लेकिन सम्भोग सम्पन्न नहीं हो पाता और इस स्थिति में अनेक आन्तरिक यात्राएँ जारी हो जाती हैं। पत्नी सुबह ताजा लगती है, दिन में उसे खटास लग जाती है और रात होते-होते वह बासी हो जाती है। यह ऐन उनके उलट है जिनका कहना है कि अगर सुबह की पत्नी को सहन

1. उसका शहर, पृ. 102

कर लिया जाये तो तलाक की नौबत नहीं आती। पत्नी की स्थिति पति में शिथिलता पैदा कर देती है। मारक शिथिलता मैं में यह बोध जगाती है कि वन्या कुछ दिन साथ-साथ रहने के बाद भी उससे उतनी ही अपरिचित है जितना रात के अँधेरे में पसरा यह पहाड़ी नगर। इस तरह नगर-बोध, जो पहाड़ पर चला गया है, आधुनिकता के बोध से जुड़ जाता है। अन्दर और बाहर की यात्राएँ अपरिचय से शुरू होकर अपरिचय के साथ बन्द हो जाती हैं। वह जानती है कि पति की इस हालत के लिए वह खुद जिम्मेदार है और मैं उसे समझने की कोशिश में यह कहता है कि वह हमेशा ऐसा नहीं रहेगा। इस स्थिति में कभी अजनबीपन से छुटकारा पाने की बात है तो कभी बोरियत से; लेकिन दोनों से घिरे रहना इनकी नियति है जो अभिशप्त है। इसमें आधुनिकता का वह पहलू उजागर होता है जो पाश्चात्य चिन्तन में है। इनकी मानसिकता हाथों के माध्यम से जुड़ जाने के बाद मैं का कम या अधिक बोलना बेगाना लगता है। इस तरह इस उपन्यास में पति-पत्नी सम्भोग के बिना उसी तरह अपरिचित बने रहते हैं जिस तरह अन्य उपन्यासों में पति-पत्नी या आदमी-औरत सम्भोग के बाद भी और अधिक अपरिचित हो जाते हैं या अकेले पड़ जाते हैं। मंसूरी में बारिश की वजह से सब-कुछ भीग जाता है, सिवा इन दोनों के। इस तरह काव्यात्मक भाषा महीन परतों को खोलने के काम आती है और व्यंग्य का झीना पुट स्थिति का सामना करने के। इन दिनों यह शहर खाली है, सड़कें खाली हैं, इन पर सैर करनेवाले खाली हैं। आपस में वे आप से तुम नहीं हो पाते। उपन्यास के अन्त में मैं का वन्या को किसी और को सौंपने की बात सोचना और मैं में नीता की याद ताज़ा का होना मंसूरी से लौटने के लिए बाधित करता है। कहाँ लौटना है, यह अनिश्चित है और इसमें अन्त खुलकर आधुनिकता के बोध को उजागर करता है। आम तौर पर देखा गया है कि आधुनिकता की चुनौती ने उपन्यास के बन्द अन्त को या तो खोल देने के लिए बाधित किया है या इसे अन्तहीन बनाने के लिए। यह आधुनिकता के उस पहलू को उजागर करता है जिसमें सवाल का जवाब नहीं है, समस्या का समाधान नहीं है। इस उपन्यास में मैं के लिए पूरा नगर एक अपरिचित मेहमाननवाज़ बन जाता है जो उसके बराबर बैठा उसे ताक रहा है। इस तरह अन्त-बोध में भीतर को बाहर से जोड़ने की कोशिश सफल होने से रह जाती है, लेकिन उपन्यास की आन्तरिक संगति के टूटने की गवाही नहीं मिलती। इस तरह के आन्तरिक वास्तव को उजागर करने पर एतराज़ तो किया जा सकता है, लेकिन इसे नकारा नहीं जा सकता।

36. अगला उपन्यास **बेघर** (1971) ममता कालिया का है जिसमें सम्भोग की बात एक और स्तर पर है। इसमें सम्भोग सन्देह में बदलकर पति-पत्नी के सम्बन्ध को तोड़ देता है। इस तरह समकालीन उपन्यास सन्दर्भों का न होकर सम्बन्धों और स्थितियों का होता जा रहा है। इसका आशय यह नहीं है कि आधुनिकता

का बोध सन्दर्भों को उजागर नहीं करता, सम्बन्धों और स्थितियों को आधार बनाता है। इस उपन्यास में तनाव आधुनिकता और संस्कारबद्धता में है। एक लड़की के कुँवारेपन को पुरानी कसौटी पर परखा गया है। संजीवनी से सम्भोग के बाद परमजीत को यह एहसास कचोटने लगता है कि शादी से पहले उसकी अलग दुनिया रही होगी जिसका भागीदार कोई और रहा होगा। इस संशय का कारण यह है कि संजीवनी सम्भोग के समय न चीखी, न पुकारी और न ही उसे खून आया। इस तरह परमजीत पहला नहीं है। इसका दुख उस पर इतना हावी हो जाता है कि यह दोनों के सम्बन्धों को तोड़ देता है। नायक का यह संशय कहाँ तक शरीर-विज्ञान पर आधारित है—यह दूसरा सवाल है। संशय जब कीड़े की तरह भीतर घुस जाता है तो इसे खोखला किये बिना नहीं रहता। उपन्यास में इस रूढ़ि पर चोट है। संजीवनी अपनी योनि के ज़रा-से फैलाव के बाद भी कुँवारी है; चरित्रहीन नहीं। परमजीत का जीवन ठहराव से घिरकर टूटने लगता है। वह रमा जैसी कंजूस और फूहड़ लड़की से शादी करने के बाद निरन्तर अजनबीपन और खालीपन के बोध से अधिक टूटता चला जाता है। रमा की अतियाँ परमजीत को एक पुरज़ा बना डालती हैं। उपन्यास का अन्त घसीटा गया लगता है, लाज़मी तौर पर दिया गया है। यह उपन्यास का लाज़मी अन्त नहीं है। परमजीत का अन्त करने के लिए शायद यह अन्त लाज़मी है। इस उपन्यास की संरचना में आधुनिकता की प्रक्रिया धीरे-धीरे उभरती है। परमजीत पहले अकेला है, संजीवनी का आसपास भी अकेला है, लेकिन उससे जुड़कर वह अकेला नहीं है। परमजीत के मन में कुँवारेपन की धारणा उसकी जीवन-दिशा ही बदल देती है। वह संजीवनी से टूटकर या कटकर अपनी निजता खो बैठता है। इसलिए शायद पात्र का नाम संजीवनी है। वह औसत पति और औसत बाप तो बन जाता है; लेकिन अपनी पहचान खो बैठता है। इसमें आधुनिकता की प्रक्रिया यहाँ तक तो जारी है; लेकिन उपन्यास का अन्त, जिसे परमजीत के अन्त में दिखाया गया है, इस प्रक्रिया को ठप कर देता है। यह उपन्यास से निकलता नहीं है, इस पर आरोपित जान पड़ता है।

37. मणि मधुकर के उपन्यास **सफेद मेमने** (1971) का परिवेश इन उपन्यासों से हटकर है। यह महानगर न होकर रेगिस्तान है। इसमें नगरों की भीड़ के बजाय रेगिस्तान का एकान्त है। इस एकान्त में अकेलेपन, अजनबीपन और बेगानेपन का बोध अधिक गहरे में है। इसमें कुछ पात्र या मेमने, जो सफेद हैं, नगर-बोध को लिये हुए हैं, राजस्थान के एक छोटे-से गाँव नेगिया में रहते हैं जिसका खालीपन पराया-पराया-सा लगता है। आधुनिकता का बोध नगर-बोध से जुड़ा हुआ तो है; लेकिन यह कहीं भी उजागर हो सकता है—पहाड़ पर, रेगिस्तान में, टापू में या गंज में। मणि मधुकर का कवि इस गाँव के खालीपन को पकड़ने के

लिए भाषा को नये मोड़ देता है, इसकी परतों को उघाड़ने के लिए, इसकी तरलता को हथियाने के लिए कभी संज्ञा को क्रिया में तो कभी क्रिया को संज्ञा में ढालता है। इस परिवेश के बियाबान के साँय-साँय में दमघोट एकाकीपन गहराने लगता है। रामौतार पोस्टमास्टर, जानवरों का डाक्टर बन्ना, ज़स्सू आदि में आधुनिकता का बोध कभी बेगानेपन में उजागर होता है तो कभी अकेलेपन में, कभी ज़िन्दगी और मौत के चिन्तन में तो कभी व्यर्थता के बोध में। नेगिया गाँव मनहूस तो है, लेकिन शिवपालगंज की तरह यहाँ कीचड़ ही कीचड़ शायद नहीं है। मनहूस के बोध में कवि बोलता है और कीचड़ और कीचड़ के बोध में व्यंग्यकार। यह सही है कि नेगिया गाँव मनहूस है, जीवन का परिवेश मनहूस है जिसमें इन्सान को साँस लेनी पड़ रही है। इस उपन्यास में सम्भोग और बलात्कार के प्रसंग भी हैं। इसलिए शायद समकालीन उपन्यास में सम्भोग की बात अँधेरे बन्द कमरे से लेकर सम्भोग रूम तक की गयी है। यह बात कभी-कभी सरलीकरण और आरोपित दृष्टि की भी गवाही देती है। इस बात में सम्भोग की वकालत भी नहीं है। आधुनिकता-बोध के एक खेमे को इस तरह की दृष्टि अगर खलती है तो यह उसका अधिकार है। इस उपन्यास में सम्भोग कभी खुले टीले पर है तो कभी झोंपड़ी में है। मणि मधुकर ने अगर वास्तव को उजागर करने की कोशिश की है तो इसे नकारना आरोपित दृष्टि का परिणाम होगा। उपन्यास की पहचान अगर उपन्यास के रूप में नहीं करनी है तो यह दूसरा सवाल है। आमतौर पर यह होता रहा है कि कृतिकार, कृति और परिवेश में बल कृतिकार और परिवेश पर दिया जाता रहा है जिसका एक परिणाम यह निकला है कि कृति दबकर रह जाती है। वह चाहे कविता हो या कहानी, नाटक हो या उपन्यास। इस बात पर बल इसलिए देना पड़ रहा है कि कृति को मरकज़ में रखने की आवश्यकता महसूस हो रही है।

इस भटकन के बाद **सफेद मेमने** की पहचान पर आना लाज़मी है। इस उपन्यास में बन्ना की दृष्टि में आधुनिकता झलकती है। रामौतार और पोस्टमास्टर रेगिस्तान में अकेले हैं। जानवरों के डाक्टर का भैंस से सम्भोग विकृत होकर भी रेगिस्तान के एकान्त का परिणाम है, जो उसके भीतरी ताप को ठण्डा करता।[1] इस अमानवीय स्थिति में इन्सान किस तरह के काम कर सकता है—इसका संकेत दिया गया है। सुरजा एक मेमने की तरह है जिसे छीला जाता है। इस गाँव का डाकिया इसे नगर से जोड़नेवाली कड़ी है। बन्ना के व्यक्तित्व में आधुनिकता का बोध बार-बार उभरता है। 'रामौतार की ज़िन्दगी से जितना प्यार करती है, उतना ही उसकी मौत से। (बन्ना)' दोनों के बीच विभाजन-रेखा

1. सफेद मेमने, पृ. 51

खींच देना उसके बस की बात नहीं है। वह पति को उतना ही महत्त्व देती है जितना अपने मुहाँसों को। वह एक ऐसी स्थिति में टिक गयी है कि निदान की बात बेकार है।...दाम्पत्य जब अपनी हदें पहचान लेता है तो आश्वस्त हो जाता है। आश्वस्त और सुखी। सुख पर चाहे रेत हो या पानी, कोई अन्तर नहीं पड़ता।[1] इस तरह के कथनों में मधुकर का कवि बोल रहा है; लेकिन वह उपन्यास पर आरोपित होने की गवाही नहीं देता। बन्ना एक शीत औरत है और रामौतार ने तय कर लिया था कि वह बन्ना के मौन को नहीं तोड़ेगा, उसकी निष्क्रियता में खलल नहीं डालेगा। बन्ना की स्थिति का बयान इस तरह है—'छुटपन से वह बातूनी थी...लेकिन रेगिस्तान की इस मनहूसियत ने उसकी छलछलाहट को सोख दिया था।...वह समूचे शुष्क, नीरस और बंजर माहौल पर एक उमंग-भरी नदी की तरह उमड़ चले, पर तभी उसकी नज़रें अपने आसपास को कुछ खोजने लगती थीं—नदी, कहीं वह नदी उसके अन्तरंग में तो नहीं है? इस तरह वास्तव को उजागर करने में मणि मधुकर का कवि बोलने लगता है और कविता का निषेध उपन्यास में नहीं है। क्या कवि उपन्यासकार पर आरोपित तो नहीं है? क्या कविता की लय उपन्यास की विधा में बाधक तो नहीं है?[2] हर विधा की अपनी लय होती है। यह एक बुनियादी सवाल है। आधुनिकता की चुनौती ने पुरानी विधाओं पर प्रश्नचिह्न इसलिए लगा दिया है ताकि आज के जटिल वास्तव को उजागर किया जा सके। इस समय सवाल **सफेद मेमने** के बारे में है, उपन्यास की विधा के बारे में नहीं। इसलिए इसकी पहचान-परख के लिए इसे मरकज़ में रखना है। बन्ना को अमल लेने की या अफीम खाने की लत शायद इसलिए पड़ चुकी है ताकि वह बोरियत से अस्थायी छुटकारा पा सके। इसी तरह ठहराव की स्थिति को इस मनहूस गाँव में आँका गया है जहाँ तीन या चार सालों में अन्तर नहीं पड़ता। यहाँ का हाल न बदलने वाला है। कभी-कभी व्यंग्य के छींटे इस ठहराव को तोड़ने के काम आते हैं। रामौतार अपनी बोरियत काटने के लिए कभी गिलहरियों को दाना चुगाते हैं तो कभी हिरणों का शिकार करने के लिए चले जाते हैं। रक्खे डाकिया को यह लगता है कि रेत के इन ढूहों में रहनेवाले सभी लोगों का जीवन बाँस की फटी खपचियों की तरह है।...लगता है कि सब ठीक है। अन्दर-ही-अन्दर धुनें जल रही हैं। मोरचंग धुआँ दे रहे हैं। क्या जस्सू, क्या डाक्टर, क्या पोस्टमास्टर, क्या बन्ना और क्या वह खुद—सब मोरचंग हैं, एक-दूसरे को बजा रहे हैं, जो जितना हलाल होता है वह उतना ही तेज बजता है।[3]

1. सफेद मेमने, पृ. 76
2. वही, पृ. 83-84
3. वही, पृ. 120

इस तरह की संवेदना में भीगा यह उपन्यास काव्यात्मक होने की गवाही देने लगता है। अन्त में डाकखाने के टूट जाने के साथ बन्ना और रामौतार के सम्बन्ध भी टूट जाते हैं। बन्ना और सन्दो के सम्भोग के बाद डाक्टर रामौतार के संवाद में आधुनिकता उजागर होने लगती है—

'आजकल तुम्हें नेहरूजी की याद नहीं आती'—डाक्टर ने उपहास के ठण्डे लहजे में कहा।

'आती है, उस समय जब सपने देख रहा होता हूँ'—रामौतार ने बिना झिझक के कहा, 'इन सालों में वह काफी बदल गये होंगे।'

'तुम भी तो बदल गये हो।'

'मैं, मैं नहीं बदला।' उसकी आवाज़ में फीकापन उतर आया। **रेत आदमी को बदलती नहीं है।**[1] इस रेत से एक जापानी उपन्यास की याद ताज़ा हो जाती है कोबो अबे का। **रेत के ढूहों में एक औरत** (1964) जिसमें इस संवेदना को उजागर किया गया है कि अन्तिम रूप में यह संसार एक रेत है। इसके जड़ स्वभाव को समझना कठिन है जब इसे स्थिति में आँका जाता है। रेत केवल बहती नहीं है, इसका बहाव ही रेत है। आदमी खुद रेत हो जाता है, रेत की आँखों से देखता है।[2] इसी तरह **सफेद मेमने** के पात्र जड़ हो जाते हैं, रेत की आँखों से जीवन को देखते-देखते। इसमें आधुनिकता का बोध उजागर होने लगता है। इस उपन्यास का अन्त भी इसी बोध को लिये हुए है। यह सब दस बरस पहले का जीवन है, उन लोगों का जीवन जो अपनी हस्ती को रेत के खालीपन में डुबो देना चाहते हैं। जितनी हड़बड़ी और विवशता में वे आये थे उतनी ही उतावली और उदासी के साथ वापस चले गये, बिखर गये। पीछे रह गयी वही धूल, वही किरकिराहट जो दाँतों से अधिक धमनियों के खून में बजती है। इस तरह इन दोनों उपन्यासों में रेत की संवेदना है जो ठोस होने की गवाही देती है। नेगिया खाली हो चुका है। एक-एक करके सबको याद किया जा रहा है। उपन्यासकार मंच पर आकर अपना संवाद बोलकर चला जाता है कि रेवड़ पेड़ों को पीछे छोड़कर सफेद मेमने आगे निकल गये हैं। वह खुद भी एक सफ़ेद मेमना है। इस छोटे-से उपन्यास को इतना तूल इसलिए देना पड़ा है कि इसकी संरचना में एक निजता है जो इसे अन्य उपन्यासों से अलग कर देती है।

38. जगदम्बा प्रसाद दीक्षित का उपन्यास **कटा हुआ आसमान** (1971) भी एक नयी ताज़गी को लिये हुए है। इसकी पहचान-परख अब तक आरोपित दृष्टि से की गयी है कि यह इस तरह क्यों है। अगर यह इस तरह होता तो यह उपलब्धि

1. सफेद मेमने, पृ. 136
2. दि वोमेन इन दि ड्यून्ज, पृ. 99

बन जाता।[1] इसमें अगर व्यक्ति के बजाय समष्टि की बात होती तो इसका धरा-तल उठ सकता था। यह उपन्यास न केवल कथा-नायक की यातना में लिपटा हुआ है, उन सबकी यातना को भी उजागर करता है जो महानगर में रोज़ी कमाने के लिए मिडिल क्लास के लोग आते हैं—रमेश नौटियाल, चेरियन और मथायस। इसमें जिस शैली को अपनाया गया है वह **एक सीमा तक चेतना-धारा की है** और जिस भाषा का इस्तेमाल किया गया है वह अस्तित्ववादी बोध की है—बोरियत, अकेलापन, बिखराव, भीड़, भटकाव, खालीपन। इस तरह आधुनिकता का बोध नगर-बोध से जुड़ा हुआ है। इसकी शुरुआत एक पढ़ानेवाले की यातना से होती है जो रोज़ी कमाने के लिए महानगर में धकेला गया है। वह अपने को भीड़ में अकेला पाता है और सबसे नफ़रत करने की बात सोचता है। वह कालिज से फ़ुरसत पाकर दोपहर और रात के बीच खालीपन और बोरियत का सामना करने के लिए विवश है। इस खालीपन को भरने के लिए उसे कालिज की लड़की फँसाने का मशविरा दिया जाता है। किटी या केतकी खोसला साधन बन जाती है। वह एक आज़ाद और तेज़-तर्रार तबीयत की लड़की है। कथानायक के लिए शून्य का बोध दम घोटनेवाला है। उसकी मानसिकता को उजागर करने के लिए लेखक ने फिकरों को तोड़ा है, क्रियाहीन बनाया है।[2] इस उपन्यास में व्यंग्य का पुट कभी-कभी गहराने की गवाही देने लगता है—रात के बाद सबेरा नहीं होता, रात होती है; अँधेरे के बाद अँधेरा होता है। इस तरह नौटियाल की संवेदना को छूने की कोशिश है। इसके साथ ही उसके परिवेश को भी उघाड़ा गया है—महानगर में छुट्टी पाते ही नौकरीपेशा लोग कीड़ों का हजूम लगते हैं। अब वह किटी के साथ है जो उसे सर भी कहती जाती है और उसका हाथ भी दबाती जाती है। दोस्ती का दम भी भरती जाती है। यह उसे गरमाता भी है और अटकाता भी है। एक निचले तबके का नौजवान एक बड़ी श्रेणी की लड़की की संगत में आकर किस तरह लपकता है और झिझकता है—इसका व्यंग्यात्मक चित्रण सजीव रूप में किया गया है। एक आलोचक की शिकायत यह है कि लेखक स्वयं इसमें लिपट जाता है, तटस्थता बरतने से रह जाता है।[3] कथानायक यह महसूस करता है कि महानगर का जीवन बिखरा हुआ है, जहाँ फुटपाथों और सड़कों पर भटकना उसकी नियति है, जहाँ न आगे कुछ है और न ही पीछे कुछ है। चने की एक पुड़िया हाथ में ले लो, एक-एक दाना खाते जाओ, शो-केसों के सामने रुकते जाओ, दौड़ती मोटरों को देखते जाओ, दीवारों पर लगते इश्तिहारों को पढ़ते जाओ।[4]

1. त्रिभुवननाथ राय—समीक्षा, जनवरी 1972, पृ. 26
2. कटा हुआ आसमान, पृ. 16
3. त्रिभुवननाथ राय—समीक्षा, जनवरी, 1972
4. कटा हुआ सआमान, पृ. 49

उपन्यास धीरे-धीरे सम्भोगीय कोटि में आने की गवाही देने लगता है जब किटी की झीनी साड़ी के पीछे उसके गोरे जिस्म को झाँका जा रहा है उसकी छातियों के आकार का अन्दाज़ लगाया जा रहा है।[1] सर की आदतें छोटे शहर की आदतें हैं और किटी की आदतें बड़े शहर की हैं। सर में भावुकता छलकती है और किटी समझती है भावुकता जीवन को दुखद बनाती है। सर सिगरेट को बीड़ी की तरह पीते हैं। किटी विवाह का विरोध करती है जो उसे बाद में करना पड़ता है। वह सजीले साजन को ज़िन्दगी के टूटे छकड़े को खींचनेवाला बैल समझती है। इस तरह भारतीय नारी पर व्यंग्य कसा गया है। रमेश नौटियाल अतीत में पलायन करता है। उसे लेडीज साइकल पर सवार साँवला चेहरा नज़र आने लगता है। अब सब गायब हो चुका है, समय के बोध का भी लोप हो चुका है। वह किटी के साथ है जो उसे किस करने का अनुरोध करती है। इस तरह उपन्यास की रचना चेतना-धारा के धरातल पर होने लगती है जिसमें कभी-कभी व्यंग्य के छींटे नज़र आने लगते हैं। इन छींटों में आधुनिकता का बोध उजागर होता है। वह चाहे हिन्दुस्तान हमारा को लेकर हो, आराम करने की थकावट पर हो या राष्ट्रपिता को लेकर हो। इस तरह की संवेदनाओं में आधुनिकता का बोध अस्तित्ववादी खेमे का है—एक लम्बी बेतरतीबी सब जगह है. अहसास जीवन का शाप है, सब कुछ अनिश्चित है। पहिया और धुरी की भाषा को लेकर भारती के अंधायुग की तरह आधुनिकता के बोध को गहराया गया है। इसी तरह गीता के आस्थावादी दृष्टिकोण का भी मज़ाक उड़ाया गया है। आस्था नहीं होगी, कुछ नहीं होगा। यह गीता का असली झगड़ा है; लेकिन यह कहकर निपटाया गया है—'पहले बस पर बैठ जाओ, यह फिर हाथ नहीं लगेगी।' इसी तरह राजा-रानी की कहानी, राजकुमार-राजकुमारी की कहानी, परी की कहानी में पलायन-बोध पर व्यंग्य कसे गये हैं। महानगर में इन्सान इसलिए नहीं भौंकता कि वह रात को सो जाता है, वरना उसकी हैसियत रात को भौंकनेवाले कुत्ते की है जो फुटपाथों-सड़कों पर भटकता है। कभी-कभी अँग्रेज़ी के अंश बाद में आना, जो उसकी उथली भाषा की लय को तोड़ता ही है, चेतना-धारा में बाधा डालता है।[2] आदमी का मशीन बन जाना विजातीयता के बोध को लिये हुए है। महानगर में बस का इन्तज़ार गोदो का इन्तज़ार है जो कभी नहीं आता। इस तरह लेखक ने महानगर में अजनबीपन के बोध के बार-बार संकेत दिये हैं—एक अजनबी ज़िन्दगी जीने के बाद अजनबी की तरह मर जाना मानव की नियति है।[3] एक-एक चेहरा मुखौटा पहने हुए है।[4] जब किटी का

1. कटा हुआ आसमान, पृ. 55
2. वही, प. 97
3. वही, पृ. 114-15
4. वही, पृ. 121

चेहरा नौटियाल को लुभानेवाला लगता है तो रोमाण्टिक बोध की गवाही मिलने लगती है। विसंगति के बोध को भी कहीं-कहीं उजागर किया गया है—हरी पत्तियों पर लाल फूल, लाल पत्तियों पर हरे फूल नहीं होते। कभी कीड़ों के संकेत से तो कभी बदबू की गन्ध से उपन्यास का स्तर उठने की गवाही देने लगता है। यह आरोप लगाना कि इसमें परिवेश को काट दिया गया है, असंगत जान पड़ता है। यह सही है कि रमेश नौटियाल को सूने कमरे और सूनी दुनिया को झेलना पड़ रहा है। इसलिए मानव की स्थिति को मानव की नियति में आँका गया है। यह उपन्यास आधुनिकता के उस पहलू से जुड़ जाता है जो मानव की नियति पर बल देती है, इसे अधिक उजागर करती है। इस उपन्यास में भाषा की लय कभी-कभी कविता की लय को छूने लगती है। किटी के साथ सम्भोग करने के बाद भय और नैतिकता के सवालों को उठाया गया है जिसका परिणाम उपन्यास के अन्त में कथानायक को भुगतना पड़ता है। एक बार वह एक और जिन्दगी की बात सोचता है जो सम्भोग रूम के बाहर खड़ी है। खण्डाला में तीन रात किटी को पूरी तरह भोगकर उससे अलग होने से नौटियाल अभिशप्त है। एक तो किटी की शादी अमृतसर में होनेवाली है और दूसरे कालिज की नौकरी से इस्तीफा इसलिए देना पड़ता है कि सारा राज़ खुल गया है और वह लांछित है। नौटियाल अपने को एक बदबूदार गली पर खड़ा पाता है। इसी स्थिति में या तनाव की स्थिति में नौटियाल के मुँह से लम्बी-चौड़ी बकवास करने में लेखक बोलने लगता है, जिससे उपन्यास की संरचना को गहरी ठेस लगती है।[1] अतिशयता से काम लेकर कलात्मक संयम को तोड़ा गया है।[2] इस तरह त्रिभुवन राय ने यह ठीक ही कहा है कि कथावाचक अपने को कथानायक में इतना उलझा देता है कि वह तटस्थता बरतने से रह जाता है। कथानायक को लगता है कि यह महानगर खोयी हुई आवाज़ों का है। उसने न केवल कालिज से इस्तीफा दे दिया है, एक टूटती दुनिया से, एक बिखरते एहसास से भी इस्तीफा दे दिया है। इस महानगर के फुटपाथों पर सड़ा गोश्त सोता है, जागता है। यहाँ सड़ा गोश्त गन्दी चारपाइयों पर बिकता है। इसका चित्रण विस्तार से लेखक ने अपने अगले उपन्यास **मुरदाघर** (1974) में किया है, जिसमें वह **कटा हुआ आसमान** की शैली को खूब माँजते हैं, तटस्थता से काम लेते हैं, अपने उपन्यास को एक उपलब्धि का रूप देते हैं। इसमें बाहर से आनेवाले नौटियाल, मथायस, चेरियन इतना डूब जाते हैं कि इससे उबर पाना कठिन हो जाता है। चेरियन ने पी-पीकर महानगर के वास्तव को जान-पहचान लिया है, नौटियाल इसकी बदबू से समझौता नहीं कर सका है। इसलिए उसकी रचना

1. समीक्षा—जनवरी, 1972
2. वही

इतनी त्रासदी के स्तर पर नहीं है जितनी कामदीय स्तर पर है और व्यंग्य-शैली उसकी त्रासद-कामद नियति को उजागर करती है। आसमान का इस शहर में कटकर रह जाना, पूरी तरह इसका न दीखना आधे-अधूरेपन को उजागर करता है। इसमें आधुनिकता के बोध की गवाही मिलती है। उपन्यास के अन्त-बोध में एक कुचले आदमी के रेंगने में भी अन्त खुल जाता है और आधुनिकता की प्रक्रिया जारी रहती है।

39. बदी उज़्ज़माँ का **एक चूहे की मौत** (1971) एक नये अन्दाज़ और मिज़ाज का उपन्यास है जिसकी रचना हिन्दी में **शायद** पहली बार देखने को मिली है। इसमें लेखक ने फैण्टेसी को अपनाया है जिसे हिन्दी कविता और कहानी में पहले ही आज़माया जा चुका है। लेखक ने फैण्टेसी की पद्धति का उपयोग **वास्तव** को पकड़ने के लिए या कहने और उजागर करने के लिए किया है। इसकी मिसाल काफ़्का की कहानी **भोंगा** या **कायान्तरण** में मिलती है। काफ़्का ने फैण्टेसी का उपयोग भी अपने उपन्यासों में अनेक बार किया है।[1] कामू ने भी चूहे की बात अपने उपन्यास **प्लेग** या **ताऊन** में की है। इन हवालों से यह नतीजा निकालना आलोचक के लिए सुगम हो जाता है कि उपन्यासकार नकलची है और ऐसे चूहे-मार आलोचकों की कमी भी नहीं है जिनका काम चूहों को मारने के सिवा और कुछ नहीं है। क्या किसी पद्धति को अपनाने से ही नकल मारना साबित हो जाता है? क्या उपन्यास की रचना करना नकल है? यह विधा भी तो पश्चिम की देन है। असली सवाल यह है कि लेखक ने इस पद्धति को किस तरह और कैसे अपनाया है? चूहा शायद भोंगा से अधिक व्यापक संकेत दे जाता है। इस उपन्यास में बात जितनी सरल है उतनी ही जटिल है, कहने का ढंग जितना सादा है उतना ही पेचीदा है और यह शायद उस वास्तव को उजागर करने के लिए लाज़मी है, जो जटिल होने की गवाही देने लगा है, जो नगर-बोध के गहराने का परिणाम है। आधुनिकता का बोध नगर-बोध से गहरे में जुड़ा हुआ है, इसमें चूहाखाना एक पूरे विधान का संकेत देता है, एक पूरे तन्त्र को उजागर करने लगता है, जिसकी विशेषता है—'तन्त्र चूहों को खत्म करना नहीं चाहता। चूहों को खत्म करने का मतलब है कि खुद उसका अस्तित्व भी बाकी नहीं रहेगा। तन्त्र की विशेषता ही यह है कि यह निरन्तर चूहे पैदा करता रहता है और उन्हें मारता रहता है।'[2] इस उपन्यास में दो चूहेमारों की मौत की कथाएँ हैं, जिनके नाम तक नहीं हैं। आज की स्थिति में इन्सान नामहीन होने की गवाही देने लगा है, एक अक्षर या नम्बर बनता जा रहा है। यह उसी तरह है जिस तरह काफ़्का के उपन्यास

1. टरायिल या अभियोग
2. एक चूहे की मौत, पृ. 58

अभियोग में नायक केवल **मिस्टर के** बनकर रह जाता है। इसमें आधुनिकता का बोध उजागर होने लगता है। डॉ. हरदयाल ने एक चूहेमार को नायक कहा है और दूसरे को उपनायक।[1] असल में इस तरह के उपन्यास में नायक और उपनायक की भाषा में सोचना अधिक संगत नहीं जान पड़ता। इसे नायकविहीन कहना बेहतर लगता है। **ग** चित्रकार भी है। दोनों बड़े सरकारी दफ्तर में तीसरे दरजे के चूहे-मार हैं, यानी छोटे चूहेमार हैं। वह सचिवालय जिसे इस उपन्यास का आधार बनाया गया है, एक बड़े तन्त्र या विधान का संकेत देता है, जिसमें इन्सान की हस्ती या हैसियत एक चूहेमार से अधिक नहीं है जिसका काम चूहे मारने के सिवा कुछ नहीं है। यह तन्त्र बेमानी है, बेकार है, लेकिन इसके बिना हस्ती खतरे में पड़ सकती है। इस तरह की पहचान अस्तित्ववादी बोध को उजागर करती है जिसके मूल में आधुनिकता का वह पहलू है जो योरप और अमरीका के परिवेश से जुड़ा हुआ है, आधुनिकता का वह दौर है जो काफ़्का-कामू के बोध को उजागर करता है। यह बोध नगरीकरण की प्रक्रिया से भी जुड़ा हुआ है, एक महानगर में इन्सान या चूहेमार की संवेदना में भीगा हुआ है।

इस उपन्यास की शुरुआत होती है—'**वह** छोटा चूहेमार था—तीसरे दरजे का।' वह रोटी कमाने के लिए चूहेखाने में या केन्द्रीय सचिवालय में चूहेमार का काम करता था, यानी चूहे मारता था, यानी फाइलों को निपटाता था। **ग** भी **वह** के साथ इसी चूहेखाने में चूहे मारता था। इस काम से **ग** को नफरत है, लेकिन अपना और अपनी माँ का पेट भरने के लिए यह काम उसे करना पड़ता है। उसकी माँ जब मर जाती है तो वह यह काम छोड़ देता है और चित्र बनाने का काम करने लगता है। उसके चित्र न तो रोटी कमाते हैं और न ही नाम कमाते हैं। इस दशा में वह अपना शरीर बेचनेवाली, गन्दी गली में रहनेवाली सोनिया का आश्रय पाता है, लेकिन **प** जो एक सफल चूहेमार है, साधारण चित्रकार है, **ग** में इतनी जलन पैदा कर देता है कि वह आत्मघात कर लेता है। आधुनिकता की चुनौती इन्सान को खुदकुशी करने के लिए मजबूर करती है। यह **ग** की मौत की कथा है जिसे कहने का अन्दाज़ त्रासदीय व्यंग्य को लिये हुए है। **वह** चूहेमार की कहानी थोड़ी लम्बी है। **ग** की खुदकुशी का इतना गहरा असर उस पर पड़ता है कि वह चूहे मारने के काबिल नहीं रहता। इसलिए उसकी बदली चूहेखाने से मुहाफ़िज़-खाने में की जाती है, जहाँ मारे गये चूहों को सुरक्षित रखा जाता है। बदीउज़्ज़माँ चूहेखाने और मुहाफ़िज़खाने के एक-एक नियम, एक-एक तरीके को इस खूबी से बयान करते हैं कि इस विधान का समूचा वास्तव पकड़ में आने की गवाही देने लगता है। इस तरह फैण्टेसी के परदे के पीछे से समकालीन वास्तव झाँकने लगता

1. समीक्षा (पटना)—जनवरी 1972

है। इस पद्धति का उपयोग मुक्तिबोध इससे पहले अपनी कविता और कहानी में कर चुके थे। संकेत वास्तव से निकलते हैं, आरोपित नहीं जान पड़ते, व्यंग्य बात-बात में इस तरह उभरता है जिस तरह केले के पात से पात निकलता है। इस व्यंग्य में न केवल आधुनिकता का बोध गहराने लगता है, तटस्थता की गवाही भी मिलने लगती है। यह आधुनिकता के बोध का वह दौर है जिसमें भावुकता को काटने के लिए व्यंग्य को अपनाया गया है। समकालीन वास्तव को उजागर करने के लिए यह शायद बेहतर माध्यम हैं। चूहेमार वह खुद चूहा बन जाता है। इस कायान्तरण को लेकर इस उपन्यास को काफ़्का की कहानी **भोंगा** से जोड़ा गया है जो हर दृष्टि से भिन्न है। यह सही है कि दोनों में थोड़ी समानता भी है—दोनों में छोटे चूहेमार हैं, दोनों में रोज़ी कमाने का सन्ताप है, दोनों समकालीन विधान में फिट नहीं बैठते। छोटे चूहेमार को, जो अब चूहा बन गया है, मुहाफ़िज़खाने में घुसने नहीं दिया जाता। इसमें विजातीयता का बोध उजागर होता है जो आधुनिकता के बोध का परिणाम है। इसमें अजनबीपन की-संवेदना झलकती है। जब सदर दरवाज़े से या सीधे दरवाज़े से वह घुस नहीं पाता तो वह एक गन्दी नाली से अन्दर आने की कोशिश करता है जो असफल साबित होती है। यह इसलिए कि नाली के मुहाने पर जाली लगी हुई है, जिसे वह काट नहीं पाता। वह पाइप का सहारा लेकर मुहाफ़िज़खाने की छत पर पहुँच जाता है जहाँ से उसे बाहर कर दिया जाता है। इस विधान में उसके लिए जगह ही कहाँ है। वह मुहाफ़िज़खाने के बड़े चूहेमार को उसके घर मिलता है; लेकिन वह उसकी सहायता नहीं कर सकता। इस तन्त्र के नियम जो इस तरह के हैं। इन नियमों पर लेखक की पकड़ उसी तरह गहरी है जिस तरह छोटे-बड़े और बीच के चूहेमारों के जीवन पर या रंग-बिरंगे चूहों पर। इस तरह समकालीन वास्तव को उजागर करने का बोझ तो काफी भारी है; लेकिन यह फैण्टेसी के परदे को तोड़ नहीं पाता। छोटे चूहेमार का सन्ताप जारी रहता है। उसे सरकारी मकान से निकाल दिया जाता है। उसकी बहन कहीं चली जाती है और पागलों की तरह वह उसकी तलाश में निकल पड़ता है। इतने में वह एक जगमगाते भवन में चित्रकला की नुमायश का इश्तिहार देखता है और यह जानकर चकित हो जाता है कि **ग** के चित्रों को **प** अपने नाम से दिखा रहा है। वह जब इस असाधारण स्थिति में चीखने लगता है कि चित्र **प** के नहीं **ग** के हैं तो **ग** उसे धधकती आग में फेंक देता है। इस तरह दूसरे छोटे चूहे-मार का अन्त, जो चूहा बन चुका है, एक सफल और नकली चूहेमार चित्रकार कर देता है। इसमें त्रासदीय व्यंग्य उभरता है जो समकालीन विधान पर गहरी चोट करता है।

उपन्यास का यह अन्त उपन्यास के बाहर होकर, सवालिया बनकर आधु-निकता के बोध को उजागर करता है। इस घोर यन्त्रणा और यातना में इस चूहे

को महसूस होने लगता है कि सदियों से जमी मैल उसके मन और शरीर से उतरती जा रही है। पूरे उपन्यास में चूहों की गन्ध ही गन्ध है जिससे छुटकारा पाने की कोशिश में धधकती आग का सहारा लिया गया है। इस चूहेमार को लगता है कि केवल ग रह गया है जो मरकर भी अमर है। इस अमरता के स्वर में आधुनिकता का बोध, जो उपन्यास की रगों में समाया हुआ है, धीमा पड़ जाता है। इस उपन्यास में आधुनिकता धारणा के स्तर पर न होकर संवेदना के स्तर पर है, जिसका मतलब यह हुआ कि नगर-बोध गहरे में धँस गया है। दियोनीसस देवता, जो नगर में घुस गया था, अब इसमें धँस गया है। इस उपन्यास का उद्देश्य केवल सचिवालय की व्यवस्था या सरकारी व्यवस्था पर चोट करना नहीं है, पूरे तन्त्र पर चोट करना है। यह सचिवालय में सीमित होकर नहीं रह जाता, समकालीन वास्तव को लपेट लेता है। इसलिए ग अपने पत्र में इस तरह लिख गया है—चूहेखाना सिर्फ़ वह नहीं है जहाँ तुम काम करते हो या जहाँ मैं काम करता था। सारी दुनिया ही एक बड़ा चूहाखाना है जहाँ चूहेमार बनकर ज़िन्दगी बसर की जा सकती है। जो चूहे नहीं मारता उसके लिए दुनिया में कोई जगह नहीं है।[1] प महान चित्रकार नहीं है, एक सफल चूहेमार है। वह चित्र नहीं बनाता, चूहे मारता है; लेकिन दुनिया चित्रकला की कदर नहीं करती है, सफलता की करती है। इस तरह के करारे व्यंग्य उपन्यास के धरातल को उठा देते हैं। क, ख, ग नामों से न केवल आज के युग में नामहीनता को उजागर किया गया है, यान्त्रिकता के बोध को भी गहराया गया है, जिसमें तटस्थता की गवाही मिलती है। यह आधुनिकता की चुनौती का परिणाम और तकाज़ा है। यह सही है कि उपन्यास में कुछ बातों को दोहराया गया है, जिससे घनता पतली पड़ जाती है। इसी तरह व्यंग्य का पुट भी कभी-कभी पतला होने की गवाही देता है। महानगर में इन्सान किस तरह अपनी हस्ती को खो रहा है, पहचान को धुँधला रहा है, मशीन का पुरजा बन रहा है, चूहों की संगत में किस तरह चूहेमार से खुद चूहा बन रहा है, इसका अन्दाज़ और बयान इस उपन्यास में और है। इसमें अजनबीपन, बेगानेपन, अकेलेपन का बोध आधुनिकता के बोध को उजागर करता है और इसका खुला अन्त भी इसी बोध को गहराता है।

40. इसी तरह आज के या समकालीन वास्तव को पकड़ने या उजागर करने के लिए जगदीशचन्द्र का अपने उपन्यास **धरती धन न अपना** (1972) के बारे में दावा है कि भारतीय जीवन के इन कटे चित्रों को उतारने में इन्होंने तटस्थता से काम लिया है और कहीं भी अपना मत थोपने या अपनी विचारधारा को लादने की कोशिश नहीं की है।[2] यह आधुनिकता की चुनौती का तकाज़ा है; लेकिन कहाँ

1. एक चूहे की मौत, पृ. 73
2. धरती धन न अपना, पृ. 8

तक और किस तरह इसमें लेखक को सफलता मिली है इसकी पहचान-परख अभी करनी है। इस उपन्यास में मकान बनाने की बात उसी तरह है जिस तरह **गोदान** में गाय की है, गाय किसान होरी की नियति है और मकान चमार काली की। पंजाब के एक गाँव और उसमें भी हरिजनों की बस्ती चमादड़ी के जीवन को मरकज़ बनाया गया है। हरिजन जिस ज़मीन को जोतते और बोते थे, जिन खपरैलों और झोंपड़ियों में वे रहते थे उन पर उनका अधिकार नहीं था। इसलिए धरती का धन उनका अपना नहीं था। इस वास्तव का ताना-बाना बुनने के लिए व्यंग्य-दृष्टि को अपनाया गया है। इसमें आधुनिकता का वह पहलू उजागर होता है जो कला के मानवीकरण से जुड़ा हुआ है। **रागदरबारी** में नायक शहर का है और शिवपालगंज को समेटकर शहर लौट जाता है; लेकिन **धरती धन न अपना** में नायक गाँव का है और व शहर से होकर जब अपने गाँव लौटता है तो अपने को अजनबी पाता है। वह छह साल के बाद चमादड़ी लौटता है। वह अपने परिवेश से कट गया है। उसे देहातियों के शरीरों और कपड़ों से बू आती है। गाँव एक नरक है। वह गाँव शिवपालगंज की तरह शहर से जुड़ा न होकर शहर से दूर है। लेखक ने इस गाँव का सजीव चित्र उतारने में एक-एक चरित्र और दृश्य को पैनी दृष्टि से लिया है। इसलिए इसमें रेखा-चित्रों की भरमार है, मुहावरों की झड़ी है, मीठी चुटकियों और व्यंग्य-बाणों की बौछार है। जात-पाँत पर गहरी चोटें हैं और कहीं-कहीं रोमांस का भी पुट है। काली चमार के मकान की बात आदि से अन्त तक चलती है और लगता है कि यह उपन्यास की धुरी है। यहाँ के लोगों को कच्चे मकान में पक्की ईंट लगाना हैरत में डाल देता है। और उस पर चौबारा डालना तो और भी चकित कर देता है। काली का चाय पीना इनकी दृष्टि में ऐश करना है। कहीं-कहीं आयरनी का इस्तेमाल किया गया है जो लेखक के बौद्धिक विकास और तटस्थ दृष्टि का परिचय देता है।[1] परजापत घोड़वान नहीं, गधावान है। काली और ज्ञानो के सम्बन्ध को रोमांस का आधार बनाया गया है। एक-एक नाम पंजाबीपन या आंचलिकता को उसी तरह उजागर करता है, जिस तरह हर भैया का नाम राम को लेकर शुरू होता है—रामभरोसे, रामभिखारी जो उस अंचल-विशेष में हैं, और निक्कू, और नत्था इस अंचल-विशेष में हैं। इस तरह के मुहावरों के बिना गाँव का जीवन अधूरा है—गोरा कमीन और काला बाह्मन दोनों हरामी होते हैं, औरत या घोड़ी उसकी होती है जो उस पर सवार होता है, औरत को कभी जंगली कबूतरी का नाम दिया गया है तो कभी पालतू कबूतरी का, चार खेतवाले की शादी तो अरथी में लेटकर हो सकती है, पराये तेल से कुल का दिया नहीं जलता। इसी तरह गालियों के बिना

1. धरती धन न अपना, पृ. 66, 67

भी देहाती जीवन खाली-खाली लगता है। छोटी-छोटी बातों के महीन-महीन संकेत देहाती जीवन पर गहरी पकड़ की गवाही देते हैं। डॉ. बिशनदास, पादरी अचिन्तराम, महाशय तीरथराम गाँव के पढ़े-लिखे लोगों में हैं। मजहब पर कड़े व्यंग्य कसे गये हैं। अमृत छककर भी चमार का चमार रहना और क्रिस्तीन बनकर भी उसकी जात का न बदलना, मज़हब को अफीम का नशा बतलाना—इनमें आधुनिकता का बोध उजागर होने लगता है। इसी तरह कामरेड खेलसिंह और उसके 'पुलोतारी बनने का भी मज़ाक उड़ाया गया है। मुहावरों की झड़ी और व्यंग्यों की बौछार उपन्यास की धारा को बहाती और काटती चली जाती है। कहीं-कहीं अनावश्यक विस्तार से काम लेकर इसकी संरचना को ठेस भी लगती है—दंगल की कहानी और शराब के नशे में नंगी बातें।[1] उपन्यास भावुकता की धारा में कभी-कभी डूबने लगता है।[2] व्यंग्य-दृष्टि इसे डूबने से बचा लेती है—वह लड़की तो रामगाय है जिसे चारा देकर दुहा जा सकता है। नाम के साथ जात और बाप का नाम देना जरूरी है। इससे गड़बड़ का अन्देशा नहीं रहता। मुंशी के इस मशविरे में अंग्रेजी का मुहावरा बोलता है। व्यंग्य का स्वरूप कभी सामाजिक है तो कभी वैयक्तिक। काली के पैसे उसे चमार से साहूकार नहीं बना सकते। नगर-बोध का खाका भी उड़ाया गया है—मिस्तरीजी परदेश या शहर को परदेश ही मानते हैं जहाँ कटी उँगली पर पेशाब करने के लिए भी पैसे माँगे जाते हैं। शहर में जात-पाँत पैसे से गायब हो जाती है, लेकिन गाँव में चमार चौधरी नहीं बन सकता। इस उपन्यास का जायका न तो इसके कथानक में है और न ही चरित्र-चित्रण में। इसका ज़ायका इसकी उस संरचना-दृष्टि में है जो कभी कथन के व्यंग्य को लिये हुए है तो कभी स्थिति के व्यंग्य को, कभी चरित्र के व्यंग्य को लिये हुए है तो कभी संवाद के व्यंग्य को। डाक्टर के व्यंग्य-चित्र में अनावश्यक विस्तार आ गया है। देहाती जीवन के हर पहलू को पकड़ने की कोशिश है—वह चाहे मेला हो या शराब, निन्दा हो या लांछन, झगड़ा हो या वारदात। पालो का गीत आंचलिकता को गहराता है—इक बार चुम्मी लैण दे, तैनूं दे देवाँ मुरब्बे सारे (खेत)। जादू-टोने के बिना देहाती जीवन अधूरा है। रोना-धोना भी इसमें शामिल है। उपन्यासकार ने कहीं-कहीं कलात्मक संयम से काम न लेकर अधिक कहने से काम लिया है जो इसकी संरचना को ठेस लगाता है।[3] चाची के मरने के बाद काली का रोमांस स्थिति पर व्यंग्य है।

इस गाँव की हर हवेली का अपना-अपना चमार है। काली चमार बिना

1. धरती धन न अपना, पृ. 157
2. वही, पृ. 152, 153
3. वही, पृ. 216

हवेली के था। वह अपना चौबारा बनाने के सपने देखते-देखते अपनी कच्ची कोठरी को भी गिरा बैठा। पण्डित सन्तराम की छूतछात रोटी-पानी तक है, नीच जात की रक्खी से नहीं। इसमें औरत नहीं आती। इस तरह व्यंग्य-चित्रों के बाद उपन्यास में उतार आने लगता है और यह भावुकता की बाढ़ में डूबने लगता है।[1] उपन्यास के अन्त में ज्ञानो के कारण काली को पीटा जा रहा है, उसे बाहर निकाला जा रहा है, उसका मजाक उड़ाया जा रहा है। ज्ञानो काली की मोरनी है, काली चमादड़ी का राँझा है, किसी और हीर की तलाश कर लेगा। उसे गाँव से बाहर जाकर बस के अड्डे पर मजूरी करनी पड़ती है। इधर ज्ञानो की माँ लांछित होकर, मंगू से संखिया की गोली मँगवाकर ज्ञानो को खिला देती है। इस तरह माँ का बेटी को ज़हर देकर मार डालना इतना झटका देता है कि दिल दहल जाता है। काली के बारे में अफवाहों और खबरों में अन्तर नहीं रहता। एक के अनुसार काली ने रेलगाड़ी के नीचे अपना सिर दे दिया, धड़ से पता चलता है कि लाश उसकी थी। एक और के अनुसार अन्धे कुएँ के एक नौजवान की लाश काली से मिलती-जुलती है। इस उपन्यास के अन्त में सब-कुछ अनुमानित है, अनिश्चित है। काली की पड़ताल करने की भी आवश्यकता नहीं रही। गाँव का जीवन अपनी पुरानी चाल से चलने लगता है। काली की ड्योढ़ी को लगे ताले में जंग लग गया है जिसे मंगू तोड़कर उसमें अपनी भैंस बाँधकर दरवाजा बन्द कर देता है। इस तरह ड्योढ़ी का दरवाज़ा तो बन्द हो जाता है; लेकिन उपन्यास का दरवाज़ा खुल जाता है और इस खुले अन्त में आधुनिकता का बोध उजागर होने लगता है।

41. कृष्णा सोबती का उपन्यास **सूरजमुखी अँधेरे के** (1972) सम्भोगीय कोटि में आता है जिसका अपना अन्दाज़ है और इस कोटि के उपन्यासों में यह नया भी है। इसके बारे में यह कहा गया है कि आधुनिकता के धरातल पर मनोविज्ञान की गूढ़ पहेलियों को बड़ी सादगी से उपन्यास में आँका गया है और इसके साथ ही शिल्प के पुराने साँचे को तोड़ा गया है। कौन-सी गूढ़ मनोविज्ञान की पहेलियों को आँका गया है? किस सादगी से या किस भाषा में इसे कहा गया है? किस शिल्प को तोड़ा गया है और किस संरचना को अपनाया गया है जिसमें आधुनिकता का बोध उजागर होता है? उपन्यास के शुरू में यह संकेत दिया गया है कि रत्ती वह सड़क है जिसका किनारा नहीं है। वह आप ही अपनी सड़क का आखिरी छोर है।[2] क्या रत्ति का लेखिका की मित्रो मरजानी का आधुनिक रूप है जो सड़क पर चलते-चलते सड़क के आखिरी छोर पर पहुँच गयी है। क्या वह सचमुच गीली लकड़ी है जो जब भी जलेगी, धुआँ देगी।[3] क्या वह वास्तव

1. 43 और 44 अंश।
2. सूरजमुखी अँधेरे के, पृ. 11
3. वही, पृ. 18

में बुरी लड़की है जिसनें बुरा काम किया है और उसके खून निकला है ? इसके लिए उसे कितनी यातना सहनी पड़ी है। क्या वह इतनी ठण्डी और मनहूस है कि उसके बारे में यह कहा जाये कि उसके पास पहने कपड़ों के सिवा गरमाहट ही नहीं है ? भानुराव, सुमेर, सुब्रामनियम, राजन, श्रीपत उसकी राह से गुज़र जाते हैं। वह भानुराव से समय की भाषा में कह रही है—'जब-जब कोई नम्बर मिलाया है, कभी सही जगह घण्टी नहीं बजी।[1] वह सुब्रामनियम से कहती है—'जिसने गरीबी को ओढ़ लेने के लिए कीमती कपड़े पहने हों, जिसके सम्बन्धों की कोई रियासत न हो—दिखाने के नाम पर एक तेवर तक नहीं ''।[2] वह जयनाथ से कहती है कि बेटे बनाने की कला इस औरत के पास नहीं है। 'हर मोड़ एक नया मोड़। भविष्य नहीं।'''कुछ तो होगा जिसका मुझे इन्तज़ार है। कोई तो होगा जिसे मेरा इन्तज़ार है। पर नहीं, रत्ती को सिर्फ़ रत्ती का इन्तज़ार है।'[3] उसके लिए किसी का इन्तज़ार गोदो का इन्तज़ार बनकर रह जाता है और इस तरह भाषा में आधुनिकता का बोध उजागर होने लगता है। वह आइने में देखती है, उसकी पुरानी देह में ताप नहीं है। वह पथरीली अहिल्या है जो न पिघलती है, न टूटती है, न छोटी होती है और न ही बड़ी। यह महेन से उसकी बातचीत का अंश है। राजन से भी यही कुछ होता है। वह भी इसी परिणाम पर पहुँचता है कि वह शायद औरत भी है या नहीं—इतनी शीत है। अब विवाहित श्रीपत की बारी है। उसके साथ भी कुछ नहीं हो पाता; लेकिन कुछ होने का सिलसिला जारी रखा गया है और दिवाकर से सब होकर ही रहता है। इसे इतना विस्तार दिया गया है कि उपन्यास सम्भोगीय कोटि में आ जाता है, अन्य सब-कुछ दब जाता है। यह अँधेरे में सूरजमुखी की बरखा है। अन्तिम तान दिवाकर के इन्तज़ार में अगर न तोड़ी जाती तो उपन्यास में आधुनिकता की प्रक्रिया सम्भोग के चित्रण में ठप्प हो चुकी थी। सम्भोग की बात अकारण है या सकारण कि समकालीन हिन्दी-उपन्यास पर यह इतनी हावी हो रही है। इसी तरह उपन्यास आकार में छोटा होता जाता रहा है। क्या लेखक में वास्तव को बड़े पैमाने पर पकड़ने की क्षमता नहीं है या लम्बी-चौड़ी हाँकने का ज़माना बीत गया है ? कहानी लम्बी होने की और उपन्यास लघु होने की गवाही दे रहा है। एक बात साफ़ है कि कहानी और उपन्यास का पुराना तन्त्र टूट रहा है और यह आधुनिकता की चुनौती का परिणाम है।

43. निर्मल वर्मा के उपन्यास **लाल टीन की छत** (1974) में इस तन्त्र को

1. सूरजमुखी अँधेरे के, पृ. 81
2. वही, पृ. 85
3. वही, पृ. 89

तोड़ने का अपना अन्दाज़ है। इस उपन्यास में कुछ नहीं होता और सब-कुछ होता रहता है। इसमें बिना धागों के उपन्यास के जाल को बुना गया है जो लाल टीन की छतवाले शहर की बरफानी हवा से बिखर जाता है। यह उपन्यास यादों के सहारे यादों की बरात न होकर यादों का जनाज़ा है। लन्दन, शिमला और दिल्ली में इसको लिखने में चार साल लग गये। यह उस अकेली लड़की काया की कथा है जो एक पहाड़ी शहर में रहती है, शिमला में जिसके मकानों की छतों पर लाल रोगन पोता गया है और यह लेखक का जाना-पहचाना है। इनकी कहानियों में भी इस रंग की गवाही ही नहीं मिलती, उपन्यास के बीज भी मिलते हैं—**अँधेरे में** और **परिन्दे**; पहले में मानव के सम्बन्धों का बोध है और दूसरी में मानव की नियति का बोध। यह बीज फूटकर छोटा पेड़ या लघु उपन्यास बन गया है। काया के लिए सरदी की सूनी और लम्बी छुट्टियाँ हैं और भटकन है। वह अपने आस-पास मायावी जाल बुनती रहती है। माँ पास होकर दूर है; बाप दिल्ली में है। बचपन छूट गया है, भावी संकेत-भरा है, अजब-सा आतंक और असहनीय सम्मोहन के बीच अँधेरी भूल-भुलैया है। इन दोनों को उपन्यास छूता, पकड़ता, छोड़ता चलता है और इस चलने में आधुनिकता की प्रक्रिया जारी रहती है। यह उस पहलू की है जो वास्तव को भीतर से पकड़ती है और भीतरी वास्तव को कविता की भाषा में उजागर करती है। आज इसका घोर विरोध होने लगा है तो यह आधुनिकता से दूसरे पहलू का परिणाम है जो भीतरी वास्तव को इस तरह पकड़ने के हक में नहीं है। उपन्यास की शुरुआत लालटीन की छत से होती है। कुली एक मकान को देख रहा है जिसके गलियारे में चार जीव खड़े हैं—एक आदमी, एक औरत, एक बहुत छोटी औरत और एक गंजा लड़का जो न आदमी है और न ही बालक। इस तरह की लिंग में तकसीम आधुनिकता के बोध को उजागर करती है जिसका परिणाम नाम का अनाम होने में निकल रहा है। काया मरकज़ में है और लामा, जो बुआ की लड़की है, परिधि में है। काया के लिए स्मृतियों की झड़ी लग जाती है जिन्हें इस तरह की भाषा में सजीव किया गया है—एक-एक अनाज को सूंघते हुए, इसमें स्मृति की अपनी गन्ध टोहते हुए।[1] इस तरह गन्ध में कविता की संरचना लेखक की शैली की विशेषता है जो रूढ़ होने की गवाही देने लगी है। लामा के आतंक को और बाहर-भीतर के एक होने को भी इस भाषा में उजागर किया गया है। बात को दोहराने की रीति यान्त्रिक होने का खतरा मोल लेती है।[2] यह कविता की लय को तो कायम रख सकती है; लेकिन गन्ध की लय को काटती है, वह चाहे कितना काव्यात्मक क्यों न हो। मिस जोसुआ भी निपट अकेली है जो

1. लाल टीन की छत, पृ. 13, 14
2. वही, पृ. 17

बुढ़ापे में अपने परिवेश से पूरी तरह कट चुकी है और मौत का इन्तजार कर रही है। इसकी जिन्दगी बैकेट के उपन्यास **मर गया मेलोन** की तरह तो नहीं है; लेकिन इससे मिलती-जुलती अवश्य है जहाँ तक संवेदना का सवाल है।[1] उपन्यास में डरे हुए लोगों को उजागर किया गया है। काया की माँ बिस्तर पर अकेली लेटी रहती है। उसे भावी का डर है। काया को घर से बाहर जाने की कोशिश में डर लगता है। बूढ़ी जोसुआ में मौत का डर है। बाहर जाने की बात उसे कब्रिस्तान की याद दिलाती है। इस तरह उपन्यास में भय और आतंक, अकेलापन और सूनापन, अजनबीपन और बेगानापन धुन्ध की तरह छाया रहता है। माँ और बेटी में पथरीला सम्बन्ध है। शहर में धुन्ध ही धुन्ध है, बाहर भी और भीतर भी, उपन्यास में भी।[2] इसके पहले अंश में इस धुन्ध का चित्रण है।

यह शहर एक मरा हुआ शहर है। बारह महीनों को मौसमों में बाँटा गया है। इस नगर में सब चीजें नामहीन, अन्तहीन, गिनती से बाहर हैं। यहाँ समय के बोध का लोप हो गया है। इस तरह आधुनिकता का बोध नगर-बोध से जुड़ा हुआ है। इसमें काल-बोध का लोप **जादू भरा पहाड़** उपन्यास की याद दिलाता है।[3] शिमला के भूगोल की पुरानी यादें ताजा होने लगती हैं। इसमें मौसम ही मौसम हैं और कुछ नहीं है। बदली है, धूप है, हवा है, धुन्ध है, जिन्दगी नहीं है। यह संकेत लेखक की कहानी **परिन्दे** की याद ताज़ा करता है जब स्कूली लड़कियाँ सरदियों में नीचे उतर आती हैं और स्कूल बियाबान हो जाता है। उपन्यास ज़बान के लटकों में उलझने लगता है।[4] सरदियों के उतरने से पहले के मौसम का हाल दिया जा रहा है और इस मौसम में काया के लिए माँ का अजनबी होना, मकान का बेगाना होना, पहाड़ों की उदासीनता को काव्यात्मक लय में उजागर किया जा रहा है। काया का मुँह तो छोटा है, लेकिन बातें बड़ी-बड़ी करती हैं—जिन्दगी और मौत के बारे में।[5] इस तरह उपन्यास में अरक्षा और मृत्यु का बोध गहराने लगता है जो आधुनिकता के बोध का परिणाम है। उसकी माँ और चाचा के सम्बन्ध में **अँधेरे में** नामक कहानी बोलने लगती है। इसके मूल में भी दोनों के अकेलेपन का बोध है। उपन्यास में कहीं-कहीं ब्लैक फेस का इस्तेमाल जान-बूझकर किया गया है, रेखांकित करने के लिए जो असंगत लगता है।[6] बार-बार तान चाँदनी पर तोड़ी गयी है जो रूढ़ि बनकर रह जाती है। उपन्यास में

1. सैमुअल बैकेट, मेलोन डाइड
2. लाल टीन की छत, पृ., 36
3. टामस मान, मैजिक माउण्टेन
4. लाल टीन की छत, पृ. 48
5. वही, पृ. 57
6. वही, पृ. 61

माहौल दहशत से भरा हुआ है और काया घर और बाहर दोनों से कटकर इसे सहन करती है। माँ और बेटी में अलगाव है, अपना घर पराया है, बाबू दिल्ली में है, चाचा का घर अकेला है। काया समय को छोटे-छोटे खानों में बाँटती रहती है —दिन, महीना; लेकिन छोटे के लिए समय असीम है। इनके काल-बोध में अन्तर को उजागर करने के बाद इसे अँधेरा, उजाला, धूप में आँका गया है और दोनों में अन्तर का लोप हो जाता है। काया और बीरू का साथ भी इनमें अलगाव और दूरी को सूचित करता है। इस उपन्यास में पियानो का वजना **परिन्दे** कहानी के सन्नाटे को रेखांकित करता है। चाचा अपनी पुरानी ज़िन्दगी को भूल चुके हैं। इसमें **परिन्दे** का डॉक्टर बोलने लगता है। इसमें उसकी पत्नी और बीरू की माँ भी शामिल हैं। पत्नी उन लोगों में है जो मरने के बाद अपना अभाव भी नहीं छोड़ते, अपनी देह के साथ अपनी स्मृति भी ले जाते हैं।[1] चाचा रात को बारिश में जब बाहर निकल जाते हैं तो वह अजनबी कमरे से अजनबी बारिश में, अजनबी पहाड़ पर अपने को पाते हैं। इस पहाड़ पर गिरजा एक कंकाल की तरह लगता है, खँडहर के बोध को गहराता है जहाँ चमगादड़ और काली बिल्ली इसके सूनेपन को उजागर करते हैं। काया के लिए यह घर एक किला है जिसका हर कोना रहस्यमय है। वह परिचय और अपरिचय में डोलती रहती है।[2] इसमें आधुनिकता का बोध उजागर होने लगता है। इसी तरह देवदार पर बैठा अकेला पंछी चीख रहा है, सुनसान को मुखरित कर रहा है, अकेलेपन के बोध को गहरा रहा है। अन्तिम तान चाँदनी पर टूटती है और लेखक चाँद और चाँदनी का उपन्यासकार बनने की गवाही देने लगता है। अन्त में जोसुआ के मरने से पहले उसका पुराना लेटर बॉक्स गायब हो जाता है, खुमानी का पेड़ टूटकर गिर जाता है और काया को राह नहीं मिल रही है।[3] इस अन्त-बोध में भी आधुनिकता का बोध, गहराने लगता है और उपन्यास का ताना-बाना बिना धागों के बुना गया लगता है। इसमें कथानक और चरित्र-चित्रण के बजाय आन्तरिक स्थितियों के संकेत हैं, उपन्यास के पुराने तन्त्र को तोड़ने की कोशिश है, आधुनिकता धारणा के स्तर पर न होकर संवेदना के स्तर पर है।

43. कृष्ण बलदेव वैद एक कथाकार के नाते जाने-माने हैं, लेकिन इनका दूसरा उपन्यास **बिमल जाएँ तो जाएँ कहाँ** (1974) इस विधा की दृष्टि से एक चुनौती है जिसका सामना करने के लिए या इसकी पहचान-परख के लिए पुराने ढाँचे को ताक में रखना पड़ता है। इस उपन्यास से नफ़रत की जा सकती है और

1. लाल टीन की छत, पृ. 113
2. वही, पृ. 146
3. वही, पृ. 204

नफ़रत भी किसी जानदार से की जा सकती है। इसे कूड़े में फेंका जा सकता है, लेकिन कूड़े की भी अपनी हस्ती होती है। इस उपन्यास को पाँच भागों में बाँटा गया है—समाधि, स्थिति, सैर, सवाल और समाधान, सबका नाम स से शुरू करना लेखक के भाषागत आयास का परिणाम है जो इसके रचना-विधान के मूल में है। इस उपन्यास की शुरुआत कहाँ से की जाये? इसे कहने के लिए व्यंग्य-शैली और विसंगत-बोध का परिचय मिलता है—राग से या विराग से, शक से या शिकायत से, शिव से या शव से। एक तो इसमें शब्दों से सायास खिलवाड़ किया गया है और दूसरे भाषा की परम्परागत संगति को तोड़ा गया है। अगर लेखक मित से काम लेते तो विसंगति का बोध अधिक गहरे में उतर सकता था। इस अन्दाज़ में शुरुआत के बारे में बात को इतना तूल दिया गया है जो बंगाली की बात और बंगालिन के बालों की याद दिलाता है जिन्हें बॉब कराने का युग आ गया है। वैद अधिक कहने से अधिक कहना चाहते हैं।

इस उपन्यास के नायक का परिचय इन शब्दों में दिया गया है—नाम विमल बिहारी, धाम धरा और काम कें-कें है। इस परिचय में उस आदमी का चेहरा उभरता है जो आधुनिकता के उस पहलू से जुड़ा हुआ है जो कला के अवमानवीयकरण से जुड़ा हुआ है जिसका विरोध तो किया जा सकता है, लेकिन जिससे इन्कार नहीं किया जा सकता। इस उपन्यास के लेखक की राय यह है कि विमल उपन्यासकार बनने की सोचता रहा है, लेकिन उपन्यास अब एक विधवा विधा है जो पूंजीवादी संस्कृति के मरने के साथ-साथ या मशीन युग के दनदनाने से मिटती शिल्प-शाला है। विमल देश और काल की सीमाओं से बाहर है।[1] विमल बानर है और हनुमान उसका चहेता हीरो है। एक राम का भक्त है और दूसरा राँड का रसिया है। इस उपन्यास का कथ्य मारबिड मिथुन है। विमल पहेलिया पात्र है। इस तरह उपन्यास पुरातन को काटता चला जाता है, विगत, आगत और अनागत का उपहास करता चला जाता है, तथाकथित भारतीय संस्कृति पर चोटें करता जाता है, सड़ी-गली मान्यताओं का मजाक उड़ाता चला जाता है, उपन्यास के पुराने ढाँचे तोड़ने के लिए या इसका मज़ाक उड़ाने के लिए यह कहा गया है कि इसमें आवाज़ महाशून्य की है, कथानक पिलपिला है, शिल्प शिथिल है, भाषा खिचड़ी है। इस तरह का मसखरापन, मीरासीपन, अनुप्रासपन एक हद तक गुद-गुदाता है, चिढ़ाता, टोकता है, सोचने के लिए विवश करता है लेकिन हद से बाहर होकर यह बचकाना खिलवाड़ भी लगने लगता है। मुरदाघर में भी भाषा के पुराने मुहावरे को एक और धरातल पर मोड़ा गया है, लेकिन यह इस तरह के खिलवाड़ की गवाही नहीं देता। यह सही है कि परम्परागत उपन्यास में पात्रों का चित्र

1. विमल जाएँ तो जाएँ कहाँ, पृ. 7

उतारा जाता था, लेकिन इस रूढ़ि का विरोध करने के लिए विमल का खाका इस तरह खींचा गया है—चपटा चेहरा, चौकोर नाक, ठिगनी ठोड़ी, दूधिया रंग, रीढ़ की हड्डी रबड़ की। एक आँख उसकी बाँझ भाभी पर और दूसरी गोरी मौसी पर। क्या वह बोरियत के बोध से घिरा रहता है या वैराग्य के बोध से ? यह सब विमल की **समाधि** की स्थिति में हो रहा है। कहाँ समाधि और कहाँ बोरियत ! बोरियत शायद पुरानी समाधि का आधुनिक नाम है, भारतीय संस्कृति का नया संस्करण है। इस तरह हर भारतीय भीतर से भगवान, बाहर से भगवा है। भाभी बनाम द्रौपदी, लेकिन द्रौपदी का पति नेवी में है। भाभी के पास देवर है। सम्भोग के चित्र जगह-जगह बिखरे पड़े हैं। विमल के लिए भाभी विमला की तलाश में है ताकि कहानी पूरी हो सके—एक था विमल, एक थी बिमला। बिमला के गुणों का बखान इस तरह किया गया है—वह हर काम सास से पूछकर करे, हर काम में वह काम भी शामिल है। करने और करवाने से उपन्यास अट पड़ा है, लेकिन वह इसमें रमता नहीं है। भारतीय युवक की कुण्ठा को उगला जा रहा है जो मितली का अहसास छोड़ जाती है। समाधि लगाने का समय हो गया है। इतवार का दिन है और इस दिन का देहान्त हो नहीं पा रहा है। इसे बार-बार दोहराने से बोरियत का बोध गहराने लगता है। यह उपन्यास की उलट-पुलट संरचना इस की विशेषता है। इसमें विरोध का स्वर इतना तीखा नहीं है जितना आक्रोश और खीज का। परम्परागत गरिमा और शालीनता की खिल्ली परम्परागत बिम्बों, प्रतीकों, मिथकों और पात्रों के माध्यम से उड़ायी गयी है। इसमें तोड़-फोड़ है, रचना नहीं है। इसलिए यह उपन्यास कला के अवमानवीकरण से जुड़ा हुआ है। इस दृष्टि से इसे कूड़े में फेंकने का सुझाव कुछ आलोचकों ने दिया है।

उपन्यासकार ने मनोविश्लेषण की धारणाओं का पूरा उपयोग किया है—हस्त-मैथुन, समलिंगी रति, आत्मरति, विपरीतलिंगी रति, इनसेस्ट। इतवार के दिन विमल अपने भीतर जा बैठा है। यह समाधि की स्थिति है। वह प्रभु का चिन्तन कर रहा या प्रभा का। उसमें बेकली है जो सृजन के लिए आवश्यक मानी जाती है, लेकिन यह विदेशी वस्तु है। भारतीय जीवन असीम और अकाल सन्तोष का है। कल उसके आँगन में कली सहसा चटक उठी थी—इस तरह अज्ञेय की कविता पर छींटा कसा गया है। भारत में इतवार तो मेल-मिलाप का दिन होता है—भाभी, मौसी, चाची, बुआ, जीजा, सास, ससुर का मेला लगता है। विमल के लिए दिन का देहान्त नहीं हो पा रहा है। वह लेखक बनने की उधेड़-बुन में है, लेकिन लिख कुछ नहीं पा रहा है। उपन्यासकार उसे चेतावनी देता है कि लोग उस पर पथराव करेंगे—नर और नारी, बौद्धिक और बोदे, मोटे और मटियाले, नये और पुराने। वह श्यामा और उसकी माँ को पात्रों के रूप में अंकित करना चाहता है। इनसे क्या करवाया जाय, इन्हें किस शैली में ढाला जाये। श्यामा

शरमीलो हो या शोला, माँ मोटी हो या मुलायम, बिरहा बरेली का हो या बलिया का। इस तरह श्यामा और उसकी माँ को लेकर व्यंग्य और विसंगति के बोध को उजागर किया जा रहा है। श्यामा के आने और न आने पर यह बोध गहराने लगता है। विमल करता कुछ नहीं और सब कुछ कर रहा है या सब कुछ हो रहा है। उससे बार-बार उपन्यासकार पूछता है—विमल,अब क्या कर रहे हो और उसके जवाब बकवास और बकवास का रूप धारण करते हैं। बाँके बिहारी भाँके बिहारी बन जाते हैं, आत्महत्या के विरुद्ध के कवि पर चोट है, समर्पित महिला को लेकर कहानीकार पर चोट है। इसी तरह साहित्य की रचना के विविध ढंगों का मजाक उड़ाया गया है···मैं उबलकर, मैं पिघलकर, कुरसी पर, ढीली खाट में पड़ा लिखता है। मुझे लिखने के लिए एकान्त चाहिए, मुझे एकान्त और कान्ता दोनों चाहिएँ। मैं चाय पीकर, सिगरेट पीकर, गन्ने का रस पीकर, सोमरस पीकर, खूने जिगर पीकर लिखता हूँ। यही हाल लिखनेवाली का है। इन मिसालों से लिखने के अन्दाज़ का परिचय मिल जाता है कि उपन्यास किस रौ में बह रहा है। इसी तरह हिन्दी शोध के विषयों की खिल्ली उड़ायी गयी है···हिन्दी साहित्य में स्तनों का स्थान, नपुंसकता, सास-बहू संवाद, हरामियों की भरमार कुछ उदाहरण हैं। पहले भाग की अन्तिम तान इस बात पर तोड़ी गयी है···आज इतवार है और दिन का देहान्त कैसे होगा। इसे बार-बार दोहराने से सायास संरचना की गवाही मिल जाती है।

इस उपन्यास का दूसरा भाग विमल की स्थिति से शुरू होता है, स्थिति से छुटकारा पाकर इसका तीसरा भाग विमल की सैर या भटकन को लिये हुए है। इसके चौथे भाग में सवालों का सिलसिला है जिनमें विसंगति का बोध उभरता है जो आधुनिकता का एक पहलू उजागर करता है। और पाँचवें या अन्तिम भाग में इनका समाधान है या असमाधान है जिसमें व्यंग्य की धार पैनी है। विमल की स्थिति एक कालिज में पढ़ाने की है जिसे पुत्री पाठशाला का नाम दिया गया है, लड़कियों का कालिज। इसे पढ़ाने से परहेज़ है। इसके प्रिंसिपल का खाका खींचा गया है, उसकी गम्भीरता का मजाक उड़ाया गया है। धनीराम को सुचिन्ता की चिन्ता है। इस अंश में जिस भाषा का इस्तेमाल किया गया है वह सेक्स के रंग में डूबी हुई है। लड़कियों का चूना (पसीने से), साड़ियों में सैलाब। वाक्यों में क्रियाओं से परहेज़। विमल कीट्स पढ़ाने के मूड में नहीं है—आज तो मीराबाई का भजन, मेरे तो गीले गोपाल। आज छुट्टी। धनीराम के भाषण पर खुशामद की बौछाड़—आप तो साहिब पैदाइशी पैगम्बर, मुँह जबानी बोले लेकिन एक बार भी लड़खड़ाये नहीं, भयंकर भाषण काश कि आकाशवाणी का संवाददाता सुन रहा होता, चाट पर आपका चुटकला, लड़कियाँ लरज़ उठीं। **इसे चूतड़ चापलूसी कहा गया है।** इस तरह शब्दों को ध्वनि के आधार पर तराशा गया है। साँच

को काँच नहीं चुभता। प्रिंसिपल की खुजली खूब थी, दिखायी दे रहे थे। बिलकुल साफ़। लड़कियाँ लोट-पोट हो रही थीं। इसमें भाषा की गरिमा को तोड़ा गया है। मधुबाला धनीराम से अकेले में बात करने आती है और विमल को अफ़सोस यह है कि काश वह भी बूढ़ा होता। मधुबाला के बाद माला और विमल का मत है कि शिक्षा का माध्यम शिष्या का शरीर होना चाहिए। भाषा पर बहस को बेतुका बनाया गया है। निराला पर चोट—मतवाला जब मदहोश हो जाते थे तो अँगरेज़ी उगलने लगते थे। मानव की दो दृष्टियाँ होती हैं—मांसवादी और मानसवादी। स्टाफ रूम विमल की स्थिति का सिम्बल। इस स्थिति से निकलने के लिए वह अपना इस्तीफ़ा दे डालता है ताकि वह इसकी बकबक बहस से निजात पा सके।

विमल अब जाये तो जाये कहाँ। वह शहर की सड़कों और गलियों की सैर को निकल पड़ता है। पान की दुकान और पीला पनवाड़ी। काश कि काली पनवाड़िन होती। यहाँ से उपन्यास के तीसरे अंश की शुरुआत होती है। पनवाड़ी के मुँह पर मक्खियों का मुजरा और सीलोन रेडियो पर एक गीला गान आ रहा है जिसके अनमोल बोल हैं—जायें तो जायें कहाँ! यह गान विमल की स्थिति के अनुकूल बैठता है। यह उसकी या उपन्यास की समूची संवेदना को बाँधता है। बँधी नौकरी पर लँगड़ी लात मारकर विमल की ज़िन्दगी नया मोड़ लेती है—विपथ की खोज। इस तरह एक-एक शब्द की तराश में या तो व्यंग्य का बोध है या विसंगति का; विसंगति को भी व्यंग्य काटता है। अब कहाँ ? उजाले में चीख—यह निर्मल वर्मा के अँधेरे में चीख पर व्यंग्य कसा गया है। शहर की शवयात्रा—यह श्रीकान्त वर्मा की कहानी **शवयात्रा** पर मज़ाक है। इस तरह कभी पौराणिक पात्रों का मज़ाक उड़ाया गया है तो कभी समकालीन रचनाओं का। विमल का शहर की शव-यात्रा पर निकलना इसलिए भी लाज़मी है ताकि वह अपने लेखन के लिए अनुभूतियाँ बटोर सके और भोगे वास्तव को उजागर कर सके। वह कुछ कर नहीं पाता, पुराने नुस्खे बेकार साबित होते हैं। वह दूसरों से कट गया था, लेकिन अब वह जनता की जाँघों से आ जुड़ा है। अब वह अभिजात परियों को तिलांजलि देकर दरीबे की द्रौपदी का दीदार करेगा, गुप्त गोपियों का गोपाल बनेगा। ललनाओं का लाडला लीलाधर। गोबर घिन गिरधारी। इस तरह उपन्यास परम्पराओं की तोड़-फोड़ करता है। विमल की बकवास में भी मायनी है। उपन्यास में घटनाओं का अभाव है, स्थितियों में भी संगति नहीं है। इसमें घुटन है, कुण्ठा है, आक्रोश है, खीज है और व्यंग्य के माध्यम से इनसे उबरने की कोशिश है। क्या उपन्यास के बिखरे रचना-विधान की वकालत करना लाज़मी है ? क्या इससे उपन्यासकार की कमज़ोरी उजागर नहीं होती ? क्या यह आत्म-सजगता की देन है ? उपन्यास में कहीं-कहीं चूलिया चालाकियों से काम लिया गया है जो

कभी-कभी रूढ़ियाँ बन जाती हैं। काश वह विमल के बजाय भुवन होता (नदी के द्वीप का नायक), रूमानी होता। वह अँधेरे बन्द कमरों का कलाकार नहीं है, (राकेश के उपन्यास पर चोट)। इस रौ में बहकर विमल के कथन व्यंग्य की धार को तेज़ करते हैं—तुम ऊपर की बात करते हो, मैं नीचे की। तुम आकाश-चारी हो (अश्क), मैं धरावादी। तुम बीती विभावरी से विभोर (प्रसाद), मैं भावी से भयभीत। तुम गुटबाज़, मैं घुटनबाज़। तुम दूर के ढोल बजाते हो, मैं पास के पोल खोलता हूँ। फिल्मी गीतों को भी बख्शा नहीं गया है—तुम मेरी जिन्दगी हो, तुम मेरी गन्दगी। इस तरह कहीं व्यंग्य है, कहीं उपहास है, कहीं पैरोडी है, कहीं मसखरापन है, कहीं मीरासीपन है। पहले पेशाब। मैं हर शुभ की शुरुआत इसी तरह करता हूँ—यह विमल का दावा भी है और तकाज़ा भी। यह शहर की खुशबू को उसका योगदान है। नयी कहानीकारों में युग-बोध की जगह भोग-बोध है। शहर-यात्रा को निकल पड़ा है, लेकिन बुनियादी सवाल विमल का पीछा नहीं छोड़ता—जाएँ तो कहाँ जाएँ! वह लघुमानव है। वह अनाथों को अपने उपन्यास में स्थान देकर सामाजिक चेतना के स्तर को उठायेगा। वह हर तरह के प्रयोग करना चाहता है ताकि वह लेखक बन सके। हाथों, पाँवों के अलावा वह उसका इस्तेमाल करने लगा है ताकि उनवान काम के दे सके और कथनों पर बल दे सके। भारतीय पावन स्थानों के नाम इस तरह हैं—हरि दरबार, मलमोड़ा, फुरी, दरिन्दावन, विषिकेश, काण्डीचरी जहाँ पश्चिम के लोग भागकर आते हैं। नामों और शब्दों की इतनी तोड़-फोड़ या विसंगतीकरण एक रूढ़ि बनकर रह जाती है। नर और नारी के अंगों से उपन्यास अटा पड़ा है। इन्हें कभी उजागर किया गया है, कभी उछाला गया है तो कभी ठोंसा गया है।

उपन्यास के चौथे अंश में सवालों की झड़ी लग जाती है। आदत क्या है, हकीकत क्या है? चूत क्या है, चिन्ता क्या है? काफी हाउस इस तरह के सवालों के लिए अनुकूल स्थान है। बकवास बंगालिन के बालों की तरह इतना तूल पकड़ लेती है कि इसे बॉब करना लाज़मी हो जाता है। कभी शायरी का मज़ाक उड़ाया गया है, कभी उरोजों पर बहस है। देश के सामने बड़े-बड़े सवाल हैं—इसे हर सवाल के बाद दोहराया गया है। भय अगर है तो भगवान भी होगा। मज़हब का सवाल—मज़हब नहीं सिखाता कुछ भी। यह इकबाल पर चोट है। होने और न होने का सवाल—ग़ालिब पर चोट। जीवन का सवाल जो भूख, प्यास, पेशाब, पाखाना, रोने, हँसी से बना है। इस तरह इस अंश का अन्त यथास्थिति के स्वीकार में होता है जो उस जीवन-बोध का परिणाम या उसकी देन है जो कला में अवमानवीकरण के बोध से जुड़ा हुआ है। यह जीवन-बोध मितली-बोध में परिणत हो जाता है। यह उपन्यास भारतीय जीवन की रपट है जो मिस मेयो की रपट से बेहतर है जिसे सहन करना कठिन है। अब कहाँ? सवालों के बाद जिनके जवाब

नहीं हैं। यह उपन्यास का अन्तिम चरण है। चारों तरफ बारिश है और अँधेरा है जिसे बार-बार दोहराया गया है। यह इस चरण का लटका है। विमल की दो टाँगों में क्रास लटकता रहा है जिसका अपना क्राइसिस है। वह कोठे पर चढ़ने की कोशिश में नीचे लुढ़क जाता है। उसे सिसिफस का वरदान मिला हुआ है। यदि वह भुवन होता तो रेखा को न छोड़ता। विमल अकेला है और एक कुत्ता अकेला है, दोनों में साँझापन है। वह मांस के दरिया में गोता लगाना चाहता है, लेकिन किनारे पर खड़ा रह जाता है। बेसवा से उसकी भेंट होती है और इस तरह की भेंट में सवाल साहित्य पर···सुबह उठकर भजन गाती हो या ग़ज़ल, नयी कहानी के नारी पात्रों की जानकारी। इस भेंट को अछूती ज़मीन तोड़ना कहा गया है। चकले की भाषा का पूरा इस्तेमाल किया गया है, लेकिन उसका बहकना पागलपन साबित होता है और उसे बाहर निकाला जाता है। उपन्यास का अन्त विमल की निधियों से किया गया है···मुरदा दिल, ऊब, भूख, प्रयोगवादी पीड़ा, शून्य विरक्ति, बकबके कहकहे, सिहरन के सूखे पत्ते, अवसाद, गरल की गागरें, अबाध की अभिलाषा, दिखावे की दहशत, आधे से अधिक उधर और आधे से कम इधर, लिखने की आकांक्षा, न लिख पाने का भय। विमल की जेब में पैसे नहीं हैं और बेसवा का तकाजा है कि इधर आनेवालों के पास तन-मन-धन उनके हाथ में होता है। वह विमल की फरयाद नहीं सुनती। विमल की उपन्यासकार से शिकायत यह है कि वह और नहीं बह पाता। वह परेशान है कि वह विमल का अन्त किस तरह करे। क्या अन्त लाज़मी है? उसके सामने अनेक स्थितियाँ हैं···उसे सीढ़ियों में खड़ा रखा जा सकता है, बिठाया जा सकता है, लिटाया जा सकता है। सीढ़ियाँ सलीब हैं। उपन्यास का अन्त, अहीरो का अन्त, पाठक का अन्त। विमल के अन्त का आलाप **मैं की महिमा** है जिसे घसीटा गया है। अब वह करे तो क्या, बढ़े तो किधर। यहाँ तक तो अन्तहीन अन्त संगत है, लेकिन उपन्यासकार विमल से छुटकारा पाने में इस अन्त को सँभाल नहीं पाया है। इसके बावजूद यह उपन्यास अनेक स्तरों पर एक घटना है—भाषा के स्तर पर, संवेदना के स्तर पर, बोध के स्तर पर, संरचना के स्तर पर, व्यंग्य-विडम्बना के स्तर पर। काश इसे कम तूल दिया होता!

44. अगर कृष्ण बलदेव वैद का उपन्यास **विमल जाएँ तो जाएं कहाँ** (1974) भीतर के वास्तव को आधुनिकता की दृष्टि से उजागर करता है तो जगदम्बा प्रसाद दीक्षित का उपन्यास **मुरदाघर** (1974) बाहर के वास्तव को इसी दृष्टि से पेश करता है। इस उपन्यास में शायद पहली बार महानगर के उस जीवन को आधार बनाया गया है जो सड़ाँध, धूल और कीच में लिपटा हुआ है। यह दावा सही है कि फुटपाथ पर लेटे इन लोगों की ज़िन्दगी उठ नहीं सकती। खड़ी नहीं हो सकती, और इसे भोगनेवाला और देखनेवाला सह रहा है। इन दोनों में इतनी

जड़ता आ चुकी है कि इस जड़ता को रोशन करना लाज़मी हो गया है। इस उपन्यास में पहली बार भाषा को इस तरह तराशा गया है कि लेखक के कथनों को अगर नाटक की हिदायतें मान लिया जाये और पात्रों की बातचीत को अगर संवादों के रूप में आँका जाये तो यह एक नाट्यात्मक रचना होने की गवाही देने लगता है। इसके संवादों में तनाव का कसाव है और शब्दों में हरकत है—शब्द नाट्यात्मक हैं, गद्य काव्यात्मक है। यह मुरदाघर सफेद रोशनी की दुनिया से बुरी तरह जुड़ा हुआ है और पूरी तरह कटा हुआ है और ग़लीज़-गन्दगी की दुनिया अपने-आपसे कटी लगती है। इन अपाहिज लोगों की आपसी दुश्मनी और नफरत संवेदनशील मन को अधिक झकझोरती रहती है। यह इसलिए कि इसके बयान का अन्दाज़ ठूँठा और नंगा है। कहीं-कहीं आपसी सहानुभूति मन को राहत देती है। इसमें गालियों की भरमार इसकी संरचना का अभिन्न अंग है, सृजनात्मक स्तर पर है। इस तरह यह उपन्यास **लाल टीन की छत** से अलग हो जाता है। इसमें आधुनिकता का बोध उस पहलू का है जो अकेलेपन, बेगानेपन के बोध को उजागर तो करता है; लेकिन व्यंग्य के स्तर पर इसे काटता चलता है, इसमें रमता नहीं है। लेखक ने इसे अपने पहले उपन्यास **कटा हुआ आसमान** में आज-माया है और छोड़ दिया है, उपन्यास में आधुनिकता को दूसरा मोड़ दिया है। **मुरदाघर** की भाषा में इतना निखार आ गया है कि यह हिन्दी-उपन्यास के नये मोड़ का संकेत देता है।

इस उपन्यास की शुरुआत कचरे के पुराने ढेर और एक पागल आदमी से होती है जो घूम-घूमकर खोजता रहता है कुछ···कभी नहीं मिलता। इसमें एक संकेत कचरे या परिवेश का है जो सारे उपन्यास पर हावी है और दूसरा भाषा की संर-चना का है जिसमें तनाव और कसाव है। 'कुछ' शब्द दोनों छोरों को जोड़ता है, कुछ न इधर मिलता है और न उधर मिलता है। भाषा का यह तेवर अथ से इति तक चलता है। इस तरह की भाषा को लेखक ने अपने पहले उपन्यास **कटा हुआ आसमान** में भी आज़माया है; लेकिन **मुरदाघर** में इसका निखरा हुआ रूप मिलता है। जहाँ तक उपन्यास की संवेदना का सवाल है, वह महानगर में किसी का रेल की पटरियों के नीचे कट जाना और पता न चलना कि आदमी कट गया है या जानवर और दोनों में अन्तर का न होना—इस बोध में उजागर होती है। इस तरह आधु-निकता का बोध नगर-बोध से जुड़ा हुआ है। एक पागल औरत और एक पागल दुनिया उपन्यास में चीखती है और दोनों का चीखना बराबर है। इस अन्दाज़ में उपन्यास की शुरुआत इतना तो बयान कर जाती है कि महानगर की यह दुनिया किस तरह की है जिसे लेखक पकड़ रहा है। एक साफ दुनिया है और दूसरी गन्दी दुनिया है और दोनों एक-दूसरे की बगल में होकर भी एक-दूसरे से दूर हैं, गन्दी दुनिया में भी आपसी अलगाव है। बनी-ठनी रण्डियों को ग्राहकों का इन्तज़ार है

ताकि चूल्हा जले। इनमें बूढ़ी भी हैं और जवान भी, आदमी वाली भी हैं और सन्तान वाली भी। इनके आपसी झगड़े और गाली-गलौज गन्दी दुनिया को उजागर करते हैं जिस पर लेखक की गहरी पकड़ है। एक शराबी चीख-चीखकर गालियाँ दे रहा है किसी ना-मालूम को जिसमें सब-कुछ है—एक आदमी, एक दुनिया, एक धरती, आसमान, इन्सान, भगवान—तेरी माँ की चूत। साला माँ चोद। इस तरह की भाषा-संरचना असंगत नहीं जान पड़ती, अश्लीलता का बोध नहीं कराती। इस दुनिया में गलत आदमी सही दिखता है। इस सबको व्यंग्य का सहारा लेकर उजागर किया गया है जिसमें आवेश और आवेग नहीं है। इसमें रंडियों को जब बड़े साहब के कमरे में अपना हुलिया देना पड़ता है तब न तो इनके बाप का नाम है, न ही मरद का, न ही जात का और न ही उनका पता और ठौर है।[1] इस दृष्टि में आधुनिकता की संवेदना गहरे में उतरने लगती है। इसकी गवाही बार-बार मिलती है—दिन तो खत्म हो जाता है, सवाल खत्म नहीं होता; सारा शहर लँगड़ाकर चल रहा है, अन्धा हो गया है सारा शहर, फिर भी चलता जा रहा है सारा शहर; सुबह-शाम-सुबह कचरे का ढेर। इस तरह के कथन फिकरेबाज़ी का परिणाम न होकर सृजन की देन है। इस नगर में हर रास्ता बेमतलब···कदम बेकार। बहुत-सा अँधेरा और बहुत-से···तारे जितना अँधेरा···उतने तारे। इस क्रियाहीन भाषा में न केवल यति है, अन्तराल में काव्यात्मक लय है, बेमतलब और बेकार में आधुनिकता का बोध भी है जो स्थिति का स्वीकार न होकर आधुनिकता के उस पहलू को उजागर करता है जो इसे बदलने के हक में तो है, लेकिन बदल नहीं पाता। रोज़ी के लिए रात एक लम्बी उबासी है···एक लम्बी साँस, ज़िन्दगानी भी कोई ज़िन्दगानी नहीं है, संवाद का सिलसिला शुरू हो जाता है, गलत जगह से शुरू होकर गलत जगह पर खत्म होना चाहता है।[2] हसीना और जब्बार की ज़िन्दगी में भी कौन-सा रास्ता है, कहाँ जाये, किसी झोंपड़ी-पट्टी का कौन-सा झोंपड़ा शुरू करेगा, नयी ज़िन्दगी का सवाल तो है, लेकिन इसका जवाब नहीं है।[3] रोज़ी और जब्बार भी एक-दूसरे को पूछते रह जाते हैं, सो नहीं पाते। आधुनिकता का बोध इसमें गहराने लगता है।

इसी तरह नयी छोकरी की दास्तान में इस बोध को आँका जा सकता है। वह भागकर शहर तो आ गयी है, लेकिन यहाँ मुहब्बत झूठी निकली है। चमेली रात को सबसे करवाती है और फिर मोटे डण्डे से मार भी खाती है। उसके लिए सुबह-शाम हर चीज़ कम पड़ जाती है। वह चाहे चाय हो या चीनी। इन्सान के

1. मुरदाघर, पृ. 46
2. वही, पृ. 63
3. वही, पृ. 67

फ़ालतू होने के बोध में भी आधुनिकता का बोध है।[1] **इसलिए ज़रूरी है वक्त का गुज़र जाना**—इस तरह की भाषिक संरचना में भाषा के लटके नहीं हैं, नयी कविता और समकालीन की भाषिक संरचना की मिसालें हैं जो उपन्यास में जगह-जगह देखने को मिलती हैं। ज़रूरी पहले है और गुज़र जाना बाद में है जो ज़रूरी पर बल देने का परिणाम है। गन्दगी में लिपटी ज़िन्दगी सूँघी जा सकती है। इसी तरह उपन्यास में आदमी का बार-बार टैम पर बल देना है जिसका उसे इन्तज़ार है और आ नहीं पाता है। यह टैम गोदो का इन्तज़ार है, मानव की नियति को उजागर करता है और उपन्यास के स्तर को उठा देता है। इस पार के अँधेरे में उस पार उजाला खोजना बेकार साबित है। यह उस आदमी की कामना है जो अपनी औरत से सब काम करवाता है; लेकिन झाँसा यह देता है कि उसका टैम ज़रूर आयेगा जब वह अपनी औरत को हाजी सेठ की तरह रखेगा।[2] उपन्यास में काल-बोध का गायब हो जाना, घड़ियों का टूट जाना काल-बोध की आधुनिकता को उजागर करता है। सुभदरा का नाम बार-बार भूल जाना, नाम का मतलब न रह जाना भी इस दृष्टि का परिणाम है। काली लड़की का उन कीड़ों से परेशान होना जो रेंगते जाते हैं। रेंगते-रेंगते मर जाते हैं, इनका रेंगना गलत और काटना सही होता है, एक बड़े वास्तव का संकेत दे जाता है। चमेली का हैज़े का शिकार होना और ज़िन्दगी-मौत का बराबर होना इसी बोध की गवाही देता है।[3] यह बोध गहरे में उतरने लगता है जब फुटपाथ पर सोनेवाले आदमी से पता पूछा जाता है, ज़िन्दगी और नसीब की कहानियाँ सुनने को मिलती हैं। सीखचों में रंडियाँ हैं; लेकिन कौन-कौन हैं, सब एक हैं। इनकी हस्ती का सवाल ही नहीं उठता। इनकी ज़िन्दगी को बड़ी बारीकी से उतारा गया है।[4] संरचना में कसावट है, फालतू ज़िन्दगी को बिना फालतू शब्द के अंकित किया गया है। अदालत और उसके इन्साफ पर इतने व्यंग्य-बाण छोड़े गये हैं कि तरकश खाली होने की गवाही देने लगता है—अदालत में भेड़-बकरियाँ, फैसला बार-बार क्यों, एक बार क्यों नहीं, घूसखोरी ने किसी को छोड़ा नहीं है। इस गन्दी दुनिया में हसीना और पागल आदमी कचरे के ढेर पर घूम-घूमकर अब भी ढूँढ़ रहे हैं एक दुनिया, जिसको ढूँढ़ने वह हो गया पागल, जिसने कचरा बनाकर फेंक दिया उस कचरे के ढेर पर।[5] इस तरह असंगति-विसंगति के बोध को उजागर किया गया है; लेकिन कभी-

1. मुरदाघर, पृ. 81
2. वही, पृ. 88
3. वही, पृ. 100
4. वही, पृ. 111
5. वही, पृ. 119

कभार उपन्यास में काली चट्टान के पीछे जब्बार और रोज़ी के सम्बन्ध में मानवीय स्वर भी उभरता है, पशुता में छिपी मानवता भी उजागर होती है।[1]

इस उपन्यास में घिनौने चित्र **यामा दी पिट** उपन्यास की याद ताज़ा करते हैं।[2] भिखारी भी तरह-तरह और किसम-किसम के हैं—बालक भिखारी, कोढ़ी भिखारी, लँगड़े भिखारी। इनको भीख अल्लाह के नाम पर मिल जाये या भगवान के नाम पर—इससे फरक नहीं पड़ता। एक रण्डी के लिए अल्लाह अन्धा है, धन्धा करनेवाली को बच्चा दे दिया। यह टैम के खराब होने का परिणाम है, नियति के अभिशप्त होने की देन है। पोपट भी हमेशा अपने टैम को कोसता रहता है। उसका विश्वास है कि उस पार की सफेद रोशनी से गन्दे कपड़े धुलकर साफ़ हो जायेंगे। इस तरह उसकी आस्था पर व्यंग्य कसा गया है। हसीना और जब्बार के लिए भी नयी ज़िन्दगी की गाड़ी लेट है। चारों तरफ़ वे रास्तों पर खड़े हैं; लेकिन रास्ता नहीं मिल रहा है। इस बीच रेलगाड़ी आ जाती है और इस नाट्यात्मक आयरनी का बोध होने लगता है। राजू को भूख जगा देती है, थकान सुला देती है। उसका जीवन जागकर रोना है और थककर सो जाना है। इतने में पोपट रेल की पटरियों पर कटकर मर जाता है। उसकी लाश को मुरदाघर में भेज दिया जाता है। मैना और बशीरन उसकी लाश को पहचानने के लिए मुरदाघर पहुँच जाते हैं। वह मुरदों की भीड़ में उसी तरह खो गया है जिस तरह ज़िन्दों की भीड़ में। यह दुनिया मुरदाघर है। इसमें इन्सान के लिए बुझ गया दिन, ढलने से पहले ढला हुआ दिन, बुझने से बुझा हुआ चिराग की भाषा में इस उपन्यास के अन्त को समेटा गया है। मैना घूमकर देखती है मुरदों की दुनिया के बाद जीते मुरदों की दुनिया को, साँस लेते मुरदों की दुनिया को। इस तरह वह एक मुरदाघर से दूसरे मुरदाघर की तरफ़ बशीरन के साथ चल पड़ती है। इसके चलने में, इस अन्त-बोध में जो खुल जाता है, आधुनिकता का बोध उजागर होने लगता है। इस तरह यह लघु उपन्यास जीवन के उस वास्तव को पकड़ता है जो आँखों से ओझल रहा है।

45. बदीउज़्ज़माँ के उपन्यास **छठा तन्त्र** (1977) में इनके पहले उपन्यास **एक चूहे की मौत** के रचना-विधान को अपनाया गया है। अन्तर केवल इतना है कि पहले उपन्यास में फैण्टेसी समकालीन है और चौथे उपन्यास में मध्ययुगीन फ़ारसी शायर ओ बैदजाकानी की छोटी काव्य-कथा को आधार बनाया गया है जिसमें चूहे एक ज़ालिम बिल्ली से युद्ध करते हैं और उसे पकड़ लेते हैं। जब उसे चूहों के सरदार के सामने लाया जाता है तो वह झपटा मारकर चूहों के सरदार को दबोच

1. मुरदाघर, पृ. 120, 123
2. वही, पृ. 123, 127

लेती है और उसे खा लेती है। यह कथा पंचतन्त्र की एक कथा से कुछ अंशों में मेल खाती है। इसलिए शायद उपन्यास का नाम **छठातन्त्र** है। लेखक ने पुरानी कथा के माध्यम से समकालीन वास्तव को उजागर करने की कोशिश की है जो उपन्यास के स्तर को उठाती है और ज़ाकान शहर एक व्यापक संकेत उसी तरह देने लगता है जिस तरह **एक चूहे की मौत** में सचिवालय। इस नगर में सनोबर की बिल्ली है, और बिल्लियाँ हैं, तरह-तरह के चूहे हैं, जीवटवाले भी और डरपोक भी। इनमें आपसी सम्बन्ध शोषक और शोषित का है जो उपन्यास को समकालीन बनाता है। बिल्लियों और चूहों के नाम रोचक हैं। चूहों के नाम रोनी, लोशी, शोमी, शेरू, और गोहर है और बिल्लियों के नाम सनोबर, शमशाद, गुलाब, आदि सांकेतिक है। चूहों के नामों से शोषितों की गन्ध आती है, देहातीपन झलकता है और बिल्लियों के नामों से शोषकों की बू आती है, नगर का बोध उजागर होता है। इसका अनुमान लगाना कठिन न होगा कि समकालीन स्थिति में कौन सनोबर बिल्ली है, कौन रोनी चूहा सनकी और धुन का पक्का है, कौन शेरू चूहा है जो जीवटवाला है। इस तरह इस उपन्यास में बिल्लियों और चूहों की ज़बानी और इसके बहाने छटे तन्त्र पर यानी व्यवस्था पर करारी चोट की गयी है और पंचतन्त्र के वज़न पर इसका नामकरण किया गया है। **पंचतन्त्र** का उद्देश्य तो राजकुमारों को राजकाज का काम सिखाना था और **छठातन्त्र** का उद्देश्य पाठक-समाज को या जन को (जन भी जनता से अलग है) व्यवस्था के चलन की जानकारी देना है, चेतावनी भी ताकि इसमें नये बोध का जागरण हो सके और वह अपनी सामूहिक शक्ति को पहचान सके। इसे पूरा करने के लिए लेखक जो एक किस्सागो की कला को हासिल कर चुका है, बंगाली की बात की तरह इसमें तूल और पेच डालना जानता है। अगर बदीउज़्ज़माँ को चूहों का उपन्यासकार कहा जाये तो यह असंगत न होगा। **एक चूहे की मौत** से लेकर जिसमें दो चूहों की मौत है, **छठातन्त्र** तक जिसमें अनेक चूहों को मौत के घाट उतारा गया है। इनकी उपन्यास-कला का चूहा केन्द्रीय बिम्ब, संकेत और प्रतीक है और बिम्ब से प्रतीक की विकास-यात्रा उजागर होती है। उदाहरण के लिए एक सूफ़ी मिज़ाज का चूहा है जो हज़रत के कौल का नाम लेकर स्थितियों और दृश्यों पर यूनानी कोरस की तरह टीका-टिप्पणी करता रहता है। वह एक चूहा भी है और एक प्रतीक भी। चूहे आस्तिक भी हैं और नास्तिक भी, खुदा की हस्ती के बारे में संशयवादी भी हैं (पृ. 83)।

इस उपन्यास के रचना-विधान व्यंग्य का गहरा है और निखरा हुआ भी है। यह तब उभरता है जब बिल्लियों और चूहों को मानवीय रूप में उतारा गया है। सनोबर को चूहों की तलाश है और चूहे डर के मारे अपने बिलों से निकल नहीं रहे हैं। वह एक शराबखाने में घुस जाती है, लेकिन उसे निराश होना पड़ता है।

उसे ख्याल आता है कि वह शराबखाने के बजाय किसी मस्जिद में घुस जाती तो अब तक कितने चूहे चट कर जाती। उसे इतना भी पता नहीं है कि अल्लाह की रहमत मस्जिदों में बँटती है। वह वजू करने के बाद नमाज़ पढ़ने लगती है। इस पर एक संशयातन चूहा कहता है—मुझे तो दाल में काला नज़र आता है। बिल्ली नमाज़ पढ़े या हज करे, वह रहेगी बिल्ली ही। (पृ. 88) एक सूफियाना मिज़ाज का चूहा है। रोगनदार लज़ीज गिज़ा खाने के बारे में कहता है कि इससे रात को गहरी नींद आती है और अल्लाह की इबादत में गफलत पैदा होती है। इसी तरह सनोबर बिल्ली के सजदे में व्यंग्य का गहरा पुट है जब वह अपने गुनाहों को इन शब्दों में कबूल करती है—दोनों जहाँ के मालिक! मैं सख्त गुनाहगार हूँ। मैंने तेरे मासूम बन्दों, चूहों पर बहुत जुल्म ढाये हैं। (पृ. 88) इस तरह वह चूहों को अपनी नीयत का भरोसा दिलाकर चूहों पर झपट पड़ती है कि एक साथ तीन चूहों का काम तमाम कर देती है, इसमें स्थिति का व्यंग्य है। इस भरोसे में भी कथन का व्यंग्य है और गांधीवाद पर चोट है—चूहे आज से तमाम बिल्लियों की अमानत हैं (पृ. 92) यह उसी तरह पूंजीपति के लिए सब शोषित अमानत है। बिल्लियों और चूहों के आपसी संघर्ष में शोषित और शोषक के संघर्ष का संकेत है और यह किस तरह चलता है इस दांव-पेंच विस्तार से उपन्यास में चित्रित हैं। इसके चित्रण में बार-बार व्यंग्य उभरता है। चूहे-बिल्ली की दोस्ती में व्यंग्य का पुट गहरा है। ज़ाकान शहर में इन दलों का जीवन समकालीन समाज का है जिसमें रोनी चूहे को खरीद लिया जाता है—रोनी अपना सारा समय गुलाब और शमशाद के साथ बिताता है। उनके साथ तरह-तरह के खेल खेलता है, शराब पीता है, नाचता है, उसके शौक बिल्लियों जैसे हो गये हैं। क्या रोनी और लोशी अब चूहे नहीं रहे? (पृ.146, 47)

उपन्यास के अन्त में बिल्लियों ने ऐसा जाल बिछाया है कि यह चूहों के दिमाग से बाहर है। यह उसी तरह है जिस तरह राजनीतिक विधान धन के बल सबके दिमाग खरीद लेता है। इसमें इशारा साफ़ है। इस तरह के नारों में इसकी गवाही मिल जाती है—चूहा-बिल्ली दोस्ती जिन्दाबाद, चूहा-बिल्ली भाई-बहन, बिल्ली चूहा नहीं खायेगी। इस सूफी चूहे की टीका में व्यंग्य का पुट उभरने लगता है—हज़रत सही फरमाया करते थे कि जो कुछ भी होता है, खुदा के हुक्म से होता है (पृ. 150)। इसके पीछे एक-एक करके चूहे गायब होने लगते हैं, बिल्लियों के मुँह में चले जाने लगते हैं। यह भी खुदा के हुक्म से हो रहा है। सूफी चूहा अपनी टीका से बाज़ नहीं आता—मौत तो ज़िन्दगी का तकाज़ा है, उसे ज़िन्दगी से अलग नहीं किया जा सकता। इसमें इतना सूफी मत नहीं है जितना अस्तित्व-वादी बोध है—यह हमारी नज़र का खोट है कि हमें सफ़र को मंज़िल मान लेते हैं। उपन्यास का अन्त चूहों के मोहभंग में होता है जब वे यह महसूस करते हैं कि

चूहा-बिल्ली सम्बन्धी नारों में कितना खोखलापन था। उपन्यास का अन्त एक नाच में होता है जिसे फैण्टेसी के माध्यम से उजागर किया गया है और इसमें धुँधलेपन का समावेश हो जाता है जो उपन्यास के स्तर को गिरा देता है। मैदान चूहों और बिल्लियों से खचाखच भरा हुआ कहा गया है और इसमें एक नाटक दिखाया गया है। चूहों का सरदार रोनी अब बिल्लियों के साथ मंच पर बैठा हुआ है। उसने बिल्ली की आदतें सीख ली हैं, चूहे का मांस भी खाने लगा है। दो बिल्लियों के आपसी संवाद में यह दिखाया गया है कि बिल्ली अब निरामिष हो गयी है। इनके मिले-जुले नाच में चूहों का नामोनिशान नहीं है। इस समारोह के अन्त में रोनी चूहे का कहना है कि इस तरह का समारोह हर साल मनाया जायेगा। चूहों को महसूस होता है कि घुटन और बेबसी की जिन दीवारों ने उन्हें कैद कर रखा था वे अब टूटनी शुरू हो गयी हैं। इस यूतोपिया के साथ उपन्यास का अन्त किया गया है। अगर वास्तव में दीवारें टूटती नहीं हैं तो यूतोपिया में इन्हें तोड़ा गया है जो एक तरह का सपना है, वास्तव में पलायन है। बदीउज़्ज़माँ की उपन्यास-कला में जीवन-वास्तव को पकड़ने की कोशिश तो नज़र आती है, लेकिन इसकी पकड़ अन्त में शिथिल पड़ जाती है। जहाँ तक इसे अदा करने का सवाल है इसमें ताज़गी और मौलिकता का बोध अवश्य होता है।

46. क्या यह संयोग की बात है कि समकालीन हिन्दी-उपन्यास आकार में छोटा होता जा रहा है? **क्या विस्तार में वास्तव को पकड़ना कठिन हो रहा है?** क्या लम्बी-चौड़ी हाँकने का ज़माना बीत गया है, आकार में बड़ा उपन्यास एक अपवाद बनता जा रहा है—गिरिराज किशोर का **जुगलबन्दी** (1973)। इनका अगला उपन्यास **दो** (1974) और गंगाप्रसाद विमल का **मरीचिका** (1974) दोनों उपन्यास लघु उपन्यास हैं। इनकी तादाद इतनी है कि सबको लेना सम्भव नहीं हो सका है। **जुगलबन्दी** पुरानी, सीधी, सपाट शैली में लिखा गया उपन्यास है जो विवरणात्मक, कथात्मक है, जिसमें प्रेमचन्द का व्यंग्य भी नहीं है। इसमें **भूले-बिसरे चित्र** की परम्परा में बीती पीढ़ियों के जीवन को उतारने की कोशिश है। इनका अगला उपन्यास **दो** किसी युग-विशेष को आधार बनाकर नहीं लिखा गया है। इसमें संकेत-शैली को आज़माया है, इशारों से काम लिया गया है। गिरिराज किशोर इस उपन्यास में वस्तु और शिल्प की दृष्टि से आधुनिकता की चुनौती को स्वीकारते हैं जो इनकी कहानी में उजागर होती है। नीमा एक पति से भागकर दूसरे पति को आज़माती है और दूसरे को छोड़कर पहले के पास लौटने को विवश है—एक उसके शरीर को पीसता है और दूसरा उसकी आत्मा को, इन दो आदमियों के बीच झटके खाती नीमा की मानसिक उधेड़-बुन को बड़ी बारीकी से पकड़ा गया है। गंगाप्रसाद विमल ने भी **मरीचिका** में संकेत-शैली और अस्तित्ववादी दृष्टि को अपनाया है जिसमें आधुनिकता का बोध उजागर होता है।

उपन्यास में तीन पात्र तीन संकेत देते हैं—कफ्कू, सन्त भजनसिंह और कथावाचक में। कफ्कू आज़ादी से पहले जनता का संकेत देता है, बलिदान और साहस का भी; लेकिन आज़ादी के बाद वह विसंगत हो गया है, पागल हो गया है। सन्त भजनसिंह आज़ादी के बाद उस सन्त का संकेत देता है जिसके पास सब तरह के ठग और तस्कर आते हैं। एक सन्त ताज़ा गुलाब की टहनी लगाये रहता है। अगर दूर की हाँकनी हो तो इशारा जवाहरलाल नेहरू और सन्त विनोबा भावे की तरफ़ हो सकता है। इसकी अन्तिम तान तन्त्र को तोड़ने पर टूटती है जो साफ़ न होकर मरीचिका होने का बोध कराती है। इस अन्त-बोध में आधुनिकता की प्रक्रिया कमज़ोर होने की गवाही देती है। इसलिए यह कहना पड़ता है कि हिन्दी-उपन्यास को अपना पूरा मुहावरा नहीं मिल रहा है, लेकिन खोज जारी है। क्या इसका मतलब यह हुआ कि आधुनिकता का बोध अभी उथले में है, अभी गहरे में नहीं धंस पाया है? क्या भारतीय परिवेश में नगर-बोध या **नगरीकरण** की प्रक्रिया, जिससे आधुनिकता का बोध जुड़ गया है इतनी तेज़ नहीं है जितनी विदेश में है? इन सवालों का जवाब मनोविज्ञान और समाजशास्त्र के पण्डित शायद बेहतर दे सकते हैं। इतना यहाँ दोहराया जा सकता है कि मात्र आधुनिकता से उपन्यास न तो कृति बन सकता है और न ही इससे वंचित हो सकता है। क्या इसकी परख भी हो सकती है कि एक कृति दूसरी कृति से बेहतर है? यदि हो सकती है तो इसकी कसौटी क्या हो? यहाँ केवल उपन्यास में आधुनिकता को पहचानने की कोशिश है जो अधूरी है। यह अधूरी इसलिए भी है कि कुछ उपन्यासों में नहीं लिया जा सका जिनमें आधुनिकता का बोध है। सबको लेना तो असम्भव है और कुछ को लेना खतरनाक साबित हो सकता है और जिनको लिया गया है उन सबका उपन्यास होना लाज़मी भी नहीं है। कविता और कहानी की तरह उपन्यास क्यों आधुनिकता का पूरा सामना नहीं कर पाया है? क्या इसका कारण विधागत है? शायद। उपन्यास की पहचान-परख के लिए नये औज़ारों का इस्तेमाल भी लाज़मी हो गया है। हिन्दी आलोचना में इसकी गवाही तो मिलने लगी है; लेकिन अभी आलोचना को अपनी भाषा का तेवर बदलना है।